人間はこうして性格が具わっていた！

野口 博 著

鉱脈社

はじめに

人間は生まれながらにして必ず一つの性格を具《そな》え、世の中と他の人と自分自身と関わっています。その性格は必然的に具わっているものの、しかし、その存在を人々は認識していません。そのため自分自身の持ち合わせている性格がどのようなものか知る由もありません。

つまり、様々な人間社会（家族関係や夫婦関係、親子関係から学校内の人間関係、公的機関の人間関係や会社内の人間関係等など）ではそれぞれの持ち合わせている性格は無意識に自己中心的に持論を述べ自分の存在を主張したり、他の人との比較の中で自分自身の価値観を評価したりと世の中と人と関わる人間社会は実に不思議な環境です。

古来より、人間の名前の文字の中に性格を形成する要素が秘められているなんて、誰もその霊異《れいい》的能力の存在を予想する事は出来ません。哲学者も心理学者もまた霊能力者も、人間の性格形成の要素が名前にあるとは認識していなかったので研究課題として取り上げなかったのでしょう。その霊異的現象に気づいたのが姓名九性学の独自の理論から誕生した分析方法です。

この分析方法の発見によって、私たち人間の持ち合わせている性格の起源が名前にあることを世界で初めて公表することになります。

この独自の技法を用いて私の独自の観点から二七八二名の方々を対象に、名前と性格の関連性についてモニタリングを実施しました。その結果、性格は名前の文字のもつ数値の集合体に反映して表れていることを明確に認識する事ができました。

人間は、「必然的」あるいは「偶然的」に関係なく、名前に起因して性格が間違いなく具わっている事が証明できたことは、人間の歴史上の快挙であり、その驚愕《きょうがく》の真実は名前が人間の性格形成の要素であると断言しても過言ではないでしょう。

人間の性格形成の謎は、長い歴史の中で多くの専門的権威をはじめ哲学者や心理学者の方々の専門的見識でその謎解きの研究を重ねられ、現在に至る今日もその研究に携わり、あらゆる論点から推察して性格形成の要因の解明に取り組んでおられます。

まさかその答えが名前に起因して性格が形成されるなんて誰も想像もしない、その驚愕の現象は信じがたい真実です。それは誰も考えつかない論点から偶然発見しました。世の中で初めて人間の性格が具わる要素が世界共通の名前にあることも確認できたことは、まさに世紀の大発見といっても過言ではないと確信いたしております。

とは言いましても、私は哲学者でも心理学者でもありません。また専門的知識を持ち合わせている訳でもありません。学歴も高卒でごくごく普通の人間です。

そんな素人の私が人間の性格についてこだわりを持ったのは、自分自身の人生経験の中の学びの中で様々な人々と関わってきた自分を振り返ったとき、人ってどんな性格があるのだろうといった単純な思いつきがきっかけでした。

そこで多くの方々の名刺《めいし》を集め（約五百枚ほど）、カルタ取りのように広げてグループ分けしたところ十数グループに分類されたので、それによって人って特定の性格に分類できるのだと、しかもそれぞれ個性がある事に気がつきました。そして、その個性で人は関わっているのではといった不思議な思いに駆られ、何か人の性格に関連した著書はないか探し回っていましたら、一冊の本と出会いました。

特に人生を振り返る前は自分だろうと他の人だろうと性格について特別な思いがあった訳ではありませんでしたが、この一冊の本と出会って、まさか人間の世界にそのような理論が存在しているなんてこれっぽっちも考えていませんでした。でも読み続けるうちにまるで自分の性格の事が書かれている事に驚き、**ついに発見した！　これだ！**　と手に取り急いで家に帰って読み返しました。本当に驚くばかりの衝撃を受けました。

そのお陰で今日の姓名九性学の理論の誕生のきっかけになったことは間違いありません。とても感謝いたしております。

その著書とは、一九九九年三月某古本屋で出会ったエニアグラムの九つの性格に関するものです。自分自身の他の人の性格のあり方に不思議な感覚に陥り、ついつい没頭してしまいました。そこで私が最も興味を抱いたのは、それぞれの性格のタイプの特性の内容ではなくて、その性格のタイプ1から9の特性が一体どのようにして何を根拠に成り立っているのかということでした。つまり人間の性格分析方法が事前に分かっていなければこの理論は成り立たないのではないのかということです。

姓名九性学の理論が確立して思う事は、エニアグラムの理論の古代の創始者は初めから人間の性格の要素が名前に秘められている事を認識した上で性格のタイプを分類し、それぞれのタイプの特性を導き出せたのではないかと推察しています。もしそうであれば姓名九性学の名前の文字の中にその要素があるとする理論と一致する訳です。

性格形成に関連した専門著書は多く存在していますが、哲学や心理学及び脳科学の観点から性格と脳の働きなどの諸説はありますが、性格形成の要素との直接の関連性は明確に証明できるまでには至っていないことから、やはり人間の性格形成の要素は私たち人間の名前にしか存在しないと断言していいのではないかと考えております。果たして読者の皆さんはどのように判断されますか。この本をお読みになりご判断ください。

二〇一四年十二月

九性学術協会　野口　博

目次

はじめに …… 1
序　論 —— 13
第一部　性格が確定する外的要素と内的要素 —— 19
第一章　性格のタイプ誕生の絶対条件の外的要素 —— 21
生命誕生に始まる命名 …… 26
名前の文字の組み合わせの確定 …… 28
名前の文字で決まる数と性格のタイプ …… 29
結婚または離婚で変わる性格のタイプ …… 31
第二章　外的要素で性格が確定する内的要素 —— 35
無意識の世界で起こっている「非科学的現象」Ⓐ …… 40
無意識の世界で起こっている「非科学的現象」Ⓑ …… 42
性格形成細胞の存在 …… 45
姓名の文字の数値と性格の関係 …… 47

絶対条件の数値の確定と性格の確定……50
姓名の絶対条件は全て本名……51
芸名および偽名と性格の関係……53
「偶然」と「必然」の現象……55

第二部　無意識の心の世界 —— 57

第一章　無意識の三つの心の世界 —— 59

「無意識の三つの心の世界」に属する性格のタイプ……65
「意志の心の世界」の性格のタイプ（8・9・1）……71
「性格のタイプ8」の心の働きの基軸　「自分中心」……73
「性格のタイプ8」の無意識の心の働き　73
「性格のタイプ9」の心の働きの基軸　「自分主義」……77
「性格のタイプ9」の無意識の心の働き　77
「性格のタイプ1」の心の働きの基軸　「自分本位」……81
「性格のタイプ1」の無意識の心の働き　81
「感情の心の世界」の性格のタイプ（2・3・4）……85
「性格のタイプ2」の心の働きの基軸　「自己愛欲」……88

「性格のタイプ2」の無意識の心の働き 88
「性格のタイプ3」の心の働きの基軸「自己評価」…… 92
「性格のタイプ3」の無意識の心の働き 93
「性格のタイプ4」の心の働きの基軸「自己欲求」…… 96
「性格のタイプ4」の無意識の心の働き 97
「知識の心の世界」の性格のタイプ（5・6・7）…… 101
「性格のタイプ5」の心の働きの基軸「自己認識」…… 104
「性格のタイプ5」の無意識の心の働き 105
「性格のタイプ6」の心の基軸「自己倫理」…… 108
「性格のタイプ6」の無意識の心の働き 109
「性格のタイプ7」の心の基軸「自己願望」…… 113
「性格のタイプ7」の無意識の心の働き 114

第三部　人間模様 ―― 117

第一章　無意識の心の働き ―― 119

生活環境の中の「これが現実」…… 122

「こだわり」の個性の弊害 …… 124
「職場環境」の人間関係 …… 126
「夫婦」の人間関係 …… 131
「親子」の人間関係 …… 134
「子育て」の人間関係 …… 138

第四部　附　録 —— 141

「内閣官僚」の心の世界 …… 142
「総理大臣」の心の世界の系図 …… 144
「都道府県知事」の心の世界 …… 148
「主な国の大統領」の心の世界 …… 151
「芸能関係」の心の世界 …… 155

あとがき …… 163

【参考資料】 169

人間はこうして
性格が具わっていた！

序論

人間の性格形成の謎について、歴史上の哲学者をはじめ心理学者や専門的権威の方々がその解明に携わって数千年。現在に至るまで、人間の性格形成は未だに謎《なぞ》のままで、様々な方々の努力の甲斐もなく確証に至る成果は残念ながら得られていないと推察いたします。人間の性格形成に関する見解は様々ありますが、いずれも推論の域で断定するに至っていないため、明確な確証は得られていません。

現在も哲学者をはじめ心理学者や脳科学及び脳神経科学等の様々な分野において、その課題に科学的根拠に基づいた研究で解明に取り組んでおられると存じます。

そのような背景の中、今回、まったくの素人である私の独断と偏見から発見した性格形成の要素の解明は、非科学的根拠から発見した理論で科学的根拠は全くありません。様々な専門的分野の方々をはじめ性格形成の研究に携わっておられる方々には、その要素が名前にあるとする論点は全く想定外のことで、しかも誰も考え付かない常識では考えられない非常識も甚だしい、論外であると思われるかも知れません。

がしかし、この気づきの世界の偶然の発見から導かれた人間の性格形成の要素の決定的現象の真実とその実態の確証は、名前の文字から性格のタイプを導く独自の技法を用いて、二七八二名の方々を対象にモニタリングの成果で確証が得られました。

それにより、それぞれの名前（本名）から導かれた特定の数値とそれぞれの性格の性質が、その名前に起因して表れている事が明確に確認できました。その確証の裏付けとでも申しましょうか、名前から導かれる特定の数値（1から9）はエニアグラムの著書に記載されています九つの性格のタイプ（1から9）の特性と不思議と一致しているのです。それによって、人間は名前の文字の数値に反映して性格が具わっていると断定するに至りました。

姓名九性学の理論は、名前の文字の意味する数値の絶対条件が揃って初めて性格は形成されるとする現象論から成り立っています。その成果をもとにこの理論を定義づける意味から「姓名九性学」と命名しました。これによって、名前から導かれる性格のタイプの生き方や考え方を明確に認識でき、自分自身の心の働きや人との関わり方をはっきり認識する事ができ、心のトラブルやストレスの要因が判明し問題解決がスムーズに図れます。

そこで読者のみなさまがこの著書を通じて一番興味を抱かれるのは、どうして名前で性格が分かるの？　また、どうして名前の文字は平仮名なの？　漢字でもローマ字でもないの？さらに、文字の意味する数値はどんな数値なの？　性格は幾つあるの？　どのようにして性格のタイプの数値を求めるの？ 等などといった疑問だと思います。これらの疑問はこの理論を学ばれる皆様にとって不思議な謎の一つで、「なぜ？」「どうして？」という不思議な感覚を呼びさまされます。

そのことから、お断りしなければならない事がございます。皆様が一番お知りになりたい事の疑問の中の一つだけどうしてもお教え出来ないのが、姓名九性学の理論の名前から性格のタイプを導く技法です。これは一子相伝として敬重《けいちょう》しております関係上、今この著書の中でその技法を世の中に明らかにすることは大変誤解を招くことにもなりかねない、と同時に間違った認識で使用されることを懸念致しまして明らかに出来ないと判断しております。

その理由は、名前に起因して表す性格のタイプの数値そのものが分かったところで何の意味か理解できない事です。仮に数値が分かったところで性格を認識する事は出来ません。また、分かったところで断片的にその性格を評価するだけに留まり、固定概念として認識するだけで、間違った人物評価につながる恐れがあります。

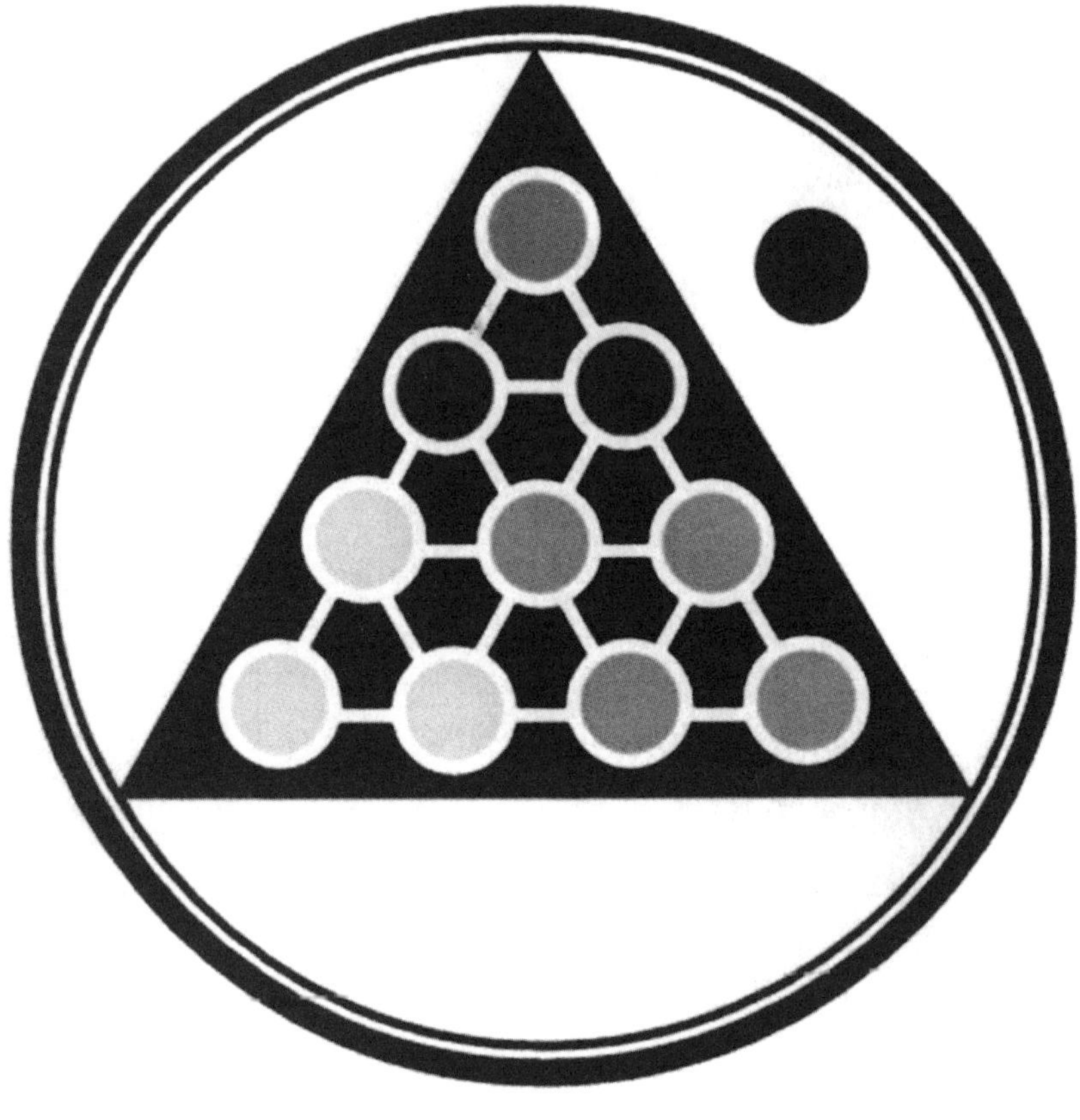

姓名九性学

姓名九性学の理論は、人それぞれの性格を認識することではなく、人と関わる時の自分自身の性格を知ることに価値があります。

心の働きによって自分自身の考え方や行動は常にコントロールされています。それによる自分の性格が人にどのように影響を及ぼしているのか、自分自身の性格のあり方を認識すると同時に人との関わり方を学ぶ理論なのです。

従って、性格のタイプの数だけが一人歩きする事が懸念されます。くれぐれも誤解のないようにこの著書の目的をご理解くださいますようお願い申し上げます。

第一部　性格が確定する外的要素と内的要素

第一章　性格のタイプ誕生の絶対条件の外的要素

人間の生命体は約六〇兆の細胞で形成されている事は言うまでもないことです。では性格は一体どのようにして形成されるのか、この疑問は数千年の歴史を経て今なお謎のままでした。しかし、今日、姓名九性学の理論の発見で性格形成の謎を解き明かすことができました。その背景には、性格形成の要素には遺伝子が関係しているという説や、脳の働きによるもので先天的あるいは生活環境による後天的に具わる、また気質によるなどの様々な説がありますが、性格形成に起因する要素が遺伝子でもなく脳の働きでもない、また気質や血液型などはまったく関与しないとすれば、ではそれ以外の要素は何なのか、そんな疑問から一つの答えに辿り着いたのが人間に共通している絶対条件とは何かということです。その何かを考察して得られたのが、私たちの生命誕生に伴って必ず行われる名前をつける命名ということへの着目です。

次ページの**図1**は個人的主観で人間の絶対条件を推察したものです。

人間の絶対条件には二つの要素があり、一つは「生命」です。人間の生命体を形成する要

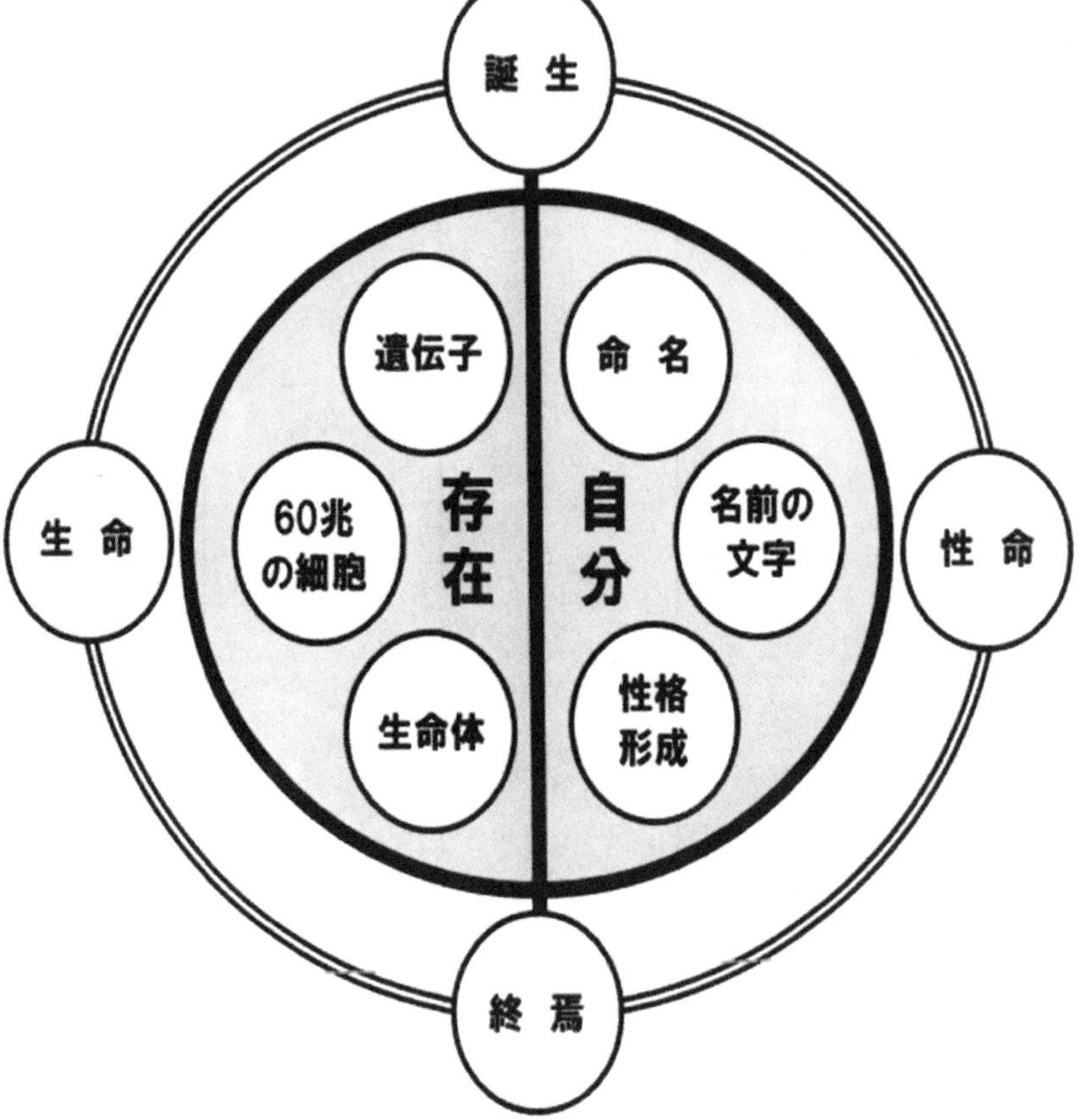

図１　人間の絶対条件の要素

素の絶対条件です。もう一つは「性命」です。人間の性格を形成する要素の絶対条件です。この二つの要素が揃って初めて人間（自分の存在）として確立するのではないかということです。強引な推察ではありますが、どうしても名前の絶対条件に起因して性格が具わる現象があることから、それぞれの要素が反映し合って初めて成り立たっていると判断しています。

何故そのような推察に及ぶのかと申しますと、人間の生命体は約六〇兆の細胞から成り立ち、あらゆる機能細胞や神経細胞、脳細胞等などの形成にはなくてはならない絶対条件です。しかし、それらの細胞からは、つまり生命体の絶対条件からは性格が形成される要素は見出せません。非科学的な偶然の気づきの世界にその真実は秘められていました。まさにこの発見は奇跡と言わざるを得ません。

姓名九性学の理論の絶対条件は世界共通であり、これ以外に人間の性格に起因する条件は思い当たらず、人間の生命体形成の絶対条件と性格形成の絶対条件の要素は名前だけが人間に共通していることから確信に至った次第です。

性格を名前から導く手段は非科学的ですが、性格形成の外的要素である生命誕生に伴い命名される名前と姓の文字の絶対条件が揃って初めて、人間は特定の性格が具わっていることが多くの方々のモニタリングによって確証を得ました。その中で一つ分かったことは、モニタリングはすでに命名された名前の文字の条件が揃っている方々の分析ですので、当然性格のタイプは名前に導かれて具わっていることが確認出来ます。

これを「偶然的要素」といい、既存の名前から性格を分析した結果得られる性格のタイプが判明します。性格のタイプは名前の文字に反映している事がこれにより認識できます。さらに驚く事は、予めどのような性格のタイプを望むかを決めてから名前を付けた場合でも、必ずその名前に伴った性格が具わる事が判明しました。この要素を「必然的要素」といい、姓名九性学の理論の独自の技法からのみ得られる絶対条件の外的要素の一つです。いずれにしても人間の性格のタイプは名前に伴う要素であることがこれではっきり確認できました。

これらのことから、一つの謎が発生していることに読者の皆さんはお気づきでしょうか。それはこの外的要素が人間の生命体にどのように反映して性格が具わるのか不思議と思いませんか。実はこの不思議な現象こそが非科学的で謎なのです。

素人ながらにいろいろな要素を考察してみましたが全く理解不能で、当然と言えば当然です。性格形成の要素に限らず非科学的根拠を証明すること自体、どのような研究機関であっても科学者であっても答えを導き出すことは不可能ではないかと考えます。

世の中、科学的に証明できる事だけが真実ではないのではないでしょうか。非科学的な現象の中にも真実は存在すると考えますが、読者の皆様はどのように判断されますか。この著書を読み終えられましたら是非ご感想などお聞かせいただければ幸いです。

この理論は、古代より世の中に存在していない全く新しい観点から誕生した、性格形成の外的要素が名前から現れる現象論です。

これが非科学的という所以です。従って、この外的要素が人間の性格形成に反映する理論は常識を逸脱《いつだつ》していることから、歴史上の哲学者をはじめ心理学者や今日に至る様々な専門的権威の方々におかれましては想定外の理論であり、従って、古代よりその見地に立って研究がなされていないためそれらに関する資料や類する文献は存在していません。

生命誕生に始まる命名

運命とも言うべき両親から授かった名前は、自分という存在の証です。その名前には両親の深い思いや子供の将来への期待などが込められています。勿論、両親の人生体験や世相を反映して、また夢を託し愛情を込めて一生懸命名前を考えます。

赤ちゃんが生まれたら必ず名前を付けるのは世界共通当たり前の事です。何も特別なことではないのではとお考えの方にとって大変残念なお知らせをしなければなりません。

実は名前には特別な意味があるという事です。ご両親が一生懸命子供の将来に夢と期待を込めて考えられました名前には、常識では考えられない特別な意味があります。特にこの本と出合った方々にとって、名前には重要な意味が秘められている事を実感していただきたいと思います。

今日、お父さんお母さんの中には姓名判断や漢字の画数《かくすう》などを参考に名前に意味付けをして命名される方がいらっしゃいますが、漢字や画数そのものが子供の将来や両親の期待を担うものではありません。また、漢字の音の響きや著名人の文字を使っても同様です。少なくとも安心感を得るための判断材料にはなるでしょうが、現実はご両親の思う通りには行かないのが世の常です。

しかし命名の本当の意味が分かると実はそうではないのです。命名には、子供の将来と、世の中と人との関わりの中で自分自身の存在価値を示す生き方や考え方が具わる重要な役割を持っています。しかもその名前は平仮名の文字にその要素があります。

そのため、従来の観点で名前を付けるのではなく、先に平仮名で名前を考えてその文字に漢字を当てはめるという作業になります。従って、名前の文字の平仮名が重要なカギを握っている関係上、漢字の文字はまったくその役割を持っていません。しかし姓名のバランス的観点から見た場合、漢字の文字はそれなりに意味があります。また、日本は主に漢字を用いますので平仮名の文字に漢字を当てはめ命名する事になります。これによって前述の性格形成の絶対条件の「偶然的または必然的」要素の名前が整ったことになります。

名前の文字の組み合わせの確定

生命誕生に始まり命名によって両親の姓の文字と初めて組み合わされ性格を形成する絶対条件がこれで確定しました。両親もこれと同様に生命誕生に伴って命名された名前とその時の両親の姓と組み合わされ性格形成の絶対条件が確定しています。もし男性が養子に行った場合でも相手側の姓になり、同様に両親の姓の文字と命名された名前の文字が組み合わさって初めて一つの性格が具わる絶対条件が確定します。

このようにして性格形成の絶対条件が確定する訳ですが、姓は決定的な要因（結婚または離婚）がない限り変わりません。さらに、姓名の組み合わせに使用する文字はすべて平仮名であることが重要です。また、両親の付けた名前は男性女性に限らず一生涯変わる事はありませんが、姓が変わる要素（結婚または離婚）次第で姓名の文字の組み合わせが変わりますと、当然性格形成の絶対条件も変わります。この事は次の項の名前の文字で決まる数と性格のタイプと関連性があります。

名前の文字で決まる数と性格のタイプ

大変重要な事は、姓名の組み合わせで用いる文字はすべて平仮名（またはカタカナ）を使用します。一般的に名前に用いる文字は漢字が主ですが、漢字は幾通りか呼び名があり、また音読み訓読みといった読み方がある事から一定の表現が出来ません。またローマ字であっても共通の文字で読み取るためには五十音の文字の配列に当てはめる必要があります。さらに、世界共通の意味から名前の呼び名の発声音を五十音に当てはめ、性格のタイプの数を認識する事ができます。

これらの条件のもと、それぞれの文字に特定の数値を当てはめ導かれる数値が名前に起因した性格のタイプとして確定します。そのタイプの数値は1から9の数が導かれ私たちの名前に起因した性格のタイプを示します。

ここで、読者の皆様が一番気になられる事は、それぞれの文字一つ一つに特定した数値や名前で導かれる数を求める方法と思いますが、実はその部分が公表すべきかどうか大変悩むところなのです。

先にも述べましたが名前に起因して表す性格のタイプの数値そのものが分かったところで

何の意味か理解できません。そのため、仮に数値が判明したところで性格を認識する事は出来ないなど、また、断片的にその性格を認識し評価してしまうと間違った人物評価につながるなどを懸念《けねん》致しまして、読者の皆様には大変申し訳ございませんが、本書で特定する数値及び名前で導く数の表し方を公表する事は控えさせて頂く事に致しました。

お教え出来るとすれば、名前の文字はどこの国の方の名前であろうと日本語読みに変換し、五十音に名前の文字を当てはめて性格のタイプを導きます。また呼び名の発声音は世界共通ですので同様に五十音に当てはめ導く事ができます。

ちょっと謎めいた解説で恐縮ですが、性格形成の要素が名前に起因して確定しているとする非科学的根拠とその現象と人間の性格形成の謎の解明は、二千年の歴史を経て今日、世の中に初めて明らかにする理論であることから、この理論を受け入れていただけるかどうかは別にして、性格が具わるとする名前の文字の数値や性格を導く方法の解説は慎重に取り扱いたいというのが本音です。

結婚または離婚で変わる性格のタイプ

日本では結婚すると相手の方の姓に置き換わりますので旧姓はこの時点で自分自身から離れ新しい自分が誕生します（養子の場合も同様です）。また離婚した場合でも、姓を変えなければ当然文字の組み合わせは変わりませんので性格のタイプは変わりません。しかし、旧姓に戻した場合は改めて文字の組み合わせが変わりますので、旧姓の時の性格のタイプに戻ります（なお、離婚して旧姓に戻した場合でも結婚当時の性格のタイプと変わらない場合がありますが、その場合は結婚した時の姓と旧姓の文字の組み合わせの数値が同じであった場合にこの現象が表れます）。

ちなみに夫婦別姓になれば姓を変える必要はありませんので当然性格のタイプが変わる事はありません。そのため、結婚後も交際の時から同じ性格で関わる事になりますから、少なくとも性格上では「こんなはずではなかった」という事にはならないでしょう。夫婦間の性格の関係だけ捉えたら良い面がたくさんあるのですが、皆さんはどのように思われますか。

ここでもう一つ結婚に関連して触れておきたいのは、子供の性格のタイプに関する事です。結婚したら当然夫婦にとって子供の誕生を期待するのは当たり前の事です。その期待通りに

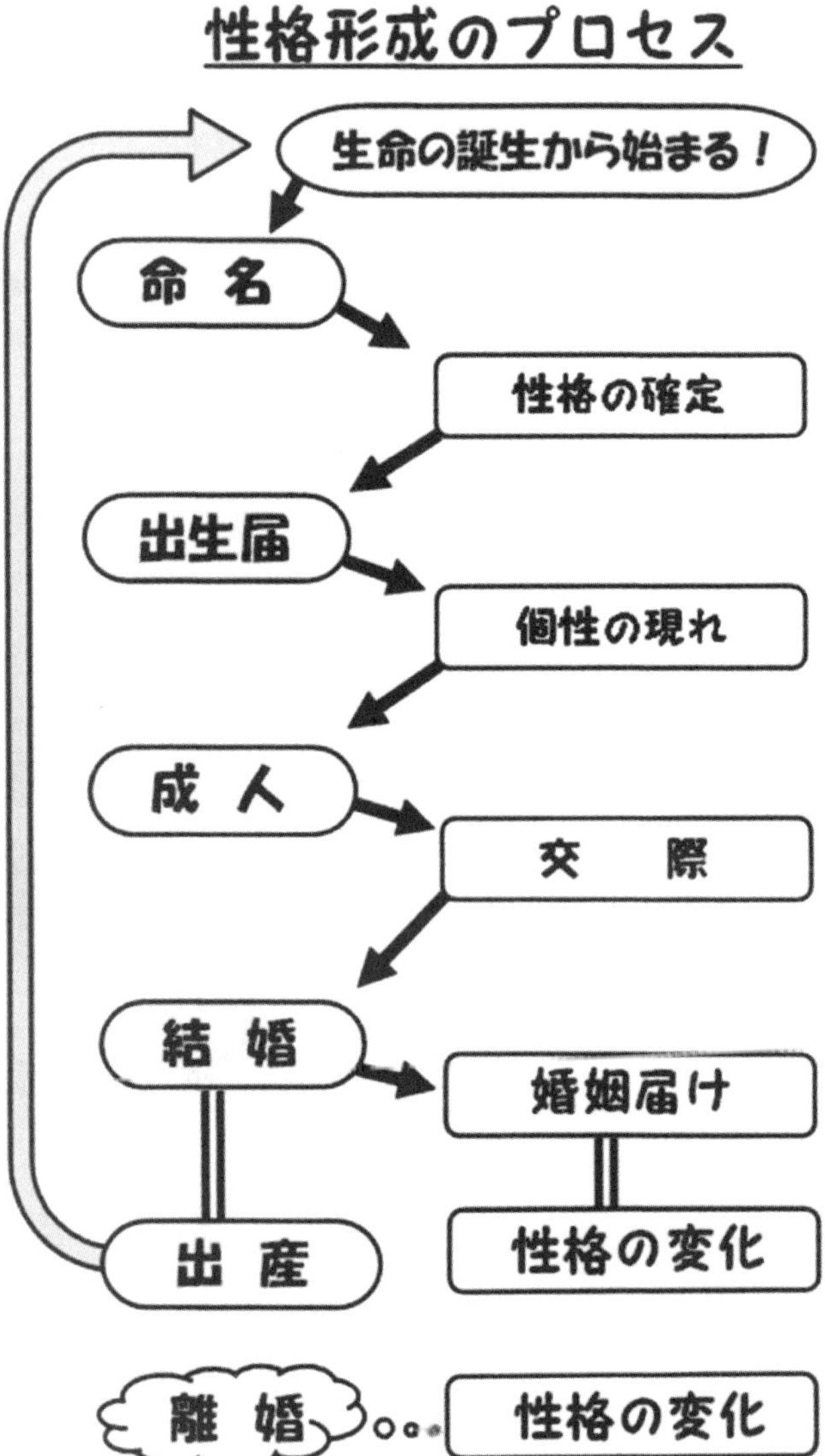

図２　性格形成のプロセス

子供が誕生し夫婦で名前を考えて付けます。このことは生命誕生から始まる二六ページで記述した通りです。問題は、両親が離婚した場合お父さんの姓を名乗るかお母さんの旧姓を名乗るかで、子供の性格のタイプは大きく変わります（なお、旧姓に代わって性格のタイプを表す数値が元の姓の文字の数値と変わらない場合はどちらの姓を名乗っても性格のタイプは変わりません）。

いずれにしても性格のタイプは生命誕生に伴って付けられた名前から始まり、性格のタイプが具わった後は、姓の文字の変化に伴って性格のタイプが変わるというこの現実から姓名の絶対条件が私たちの性格のタイプに関連している事が確認できます。

図2はこれまで述べて参りました生命誕生から始まる名前に起因した性格形成のプロセスを表したものです。これによって人間の性格形成の絶対条件は二つの外的要素が確立して初めて人間の性格に反映していることが判断出来ます。この現象は非科学的根拠に基づいて示すものですが、その信ぴょう性は高く明確に確認できていることから評価できます。

人間の性格形成の外的要素は二つの要素があります。まず一つは生命誕生に伴って付けられる名前から性格のタイプが形成される現象と、結婚して新たな姓に伴った性格のタイプが形成される現象です。二つの要素があるというこの現実を読者の皆様がどのように受け止められるか、著者として大変興味のあるところです。

第二章　外的要素で性格が確定する内的要素

第一章では人間の性格形成の絶対条件として「性命」という外的要素で述べて参りました。第二章ではもう一つの「生命」という内的要素について解説をします。

人間は約六〇兆の細胞からなっている事は前述の通りです。その細胞には生命体を形成する細胞や神経細胞や各種器官を形成する細胞などがありますが、その中に性格を形成する細胞はあるのか。これから先は姓名九性学の理論の外的要素の絶対条件が確定した上で性格が確定する内的要素を考察していきますが、実はそこに人間の性格形成の謎が秘められています。

意識の世界にもう一つの意識の理論を付け加えていたら、古代の哲学者をはじめ心理学者や専門的権威はもしかしたら人間の性格形成の謎を解明していたのではと推測しています。しかし、もう一つが意識の中に存在していない、別の意味で確立している意識の理論のためか気が付かれなかったのでしょう。そのお陰でと申しましては大変恐縮ですが、性格形成の内的要素として関連づけることができ新たな理論の誕生のきっかけになりました。

人間の誕生は一つの生命体として母体から世の中にデビューします。でもまだ名前が付くまでは自分自身の存在は確立していません。

名前がついて初めて一人の人間として認められ存在します。しかしまだ成長段階であるため自分の意思を表すことが出来ません。

やがて成長するにつれて自分自身の持ち合わせた意識が目覚め、自分の生き方や考え方の価値観を身につけて社会に溶け込み人々と触れ合います。

意識とは、思考する心の働き。感覚的知覚に対して、純粋に内面的な精神活動。

第六識、とあります。そこで着目したのが第六識です。

六識とは色・声《しょう》・香・味・触《そく》・法の六境を知覚（知覚とは「心」感覚器官への刺激を通じてもたらされた情報を基に、外界の対象の性質・形態・関係及び身体内部の状態を把握する働き）する眼識・耳識・鼻識・舌識・身識・意識の総称とされています。

意識の世界と無意識の世界が共存して初めて人間の性格形成の内的要素と結びついているのではないか、といった新たな理論で性格形成に関連づけて見る事にしました。

そこで姓名九性学の理論の観点から考察した意識の第六識を人間の「生命体」の必然的要素として関連付け、さらに、無意識を人間の「性命体」つより性格をつかさどる必然的要素として関連付け、その無意識の世界を第七識目の意識として第六識に関連付けてみました。

歴史的に解明できなかった性格形成の謎がこの無意識の世界に存在していると推測した場合、姓名九性学の理論に関連付けることができます。

人間の性格形成の外的要素は生命誕生に伴う命名から始まり性格のタイプが具わることを「性命」といい、この事が無意識の世界の始まりを意味し、それによって生命体の内的要素つまり意識に無意識が反映して性格が形成されるとする理論が当てはまるのではと、これまで誰も想像もしない理論だけに大変興味のある推論が誕生しました。

はたして読者の皆様にこの理論を受け入れていただけるかどうかは分かりませんが、世の中には解明できない非科学的な現象が起こっても不思議ではないと考えます。

本来、無意識とは意識を失っている事。自分のしている事に気づかないこと。本人は意識していないが日常の精神に影響を与えている心の深層。の意味ですので、こじつけではないかと言われればそれまでなのですが、歴史上、意識の第六識以外に無意識の第七識を想定する説はなく、当然性格形成の要素が存在するなんて誰も考えもしない理屈でして、歴史的にも人間の性格形成の要因は全く別の観点から捉えられていましたので想定外の理論です。

例えば性格形成の要素として脳の働きであるとか遺伝子によるものや気質等の諸説がありますが、残念ながら証明に至る根拠は見出せないのが現状のようです。そのため、人間の性格形成は謎の分野であることからその解明に専門的権威の方々や脳科学及び心理学の観点から研究され考察されています。私も素人《しろうと》ながらその中の一員という事になりますが、そんな私の独自の観点から発見したのが姓名九性学の理論です。

人間の性格は確かに外的要素の性格のタイプが確定した時点で生命体の内的要素に反応し性格が必然的にしかも瞬時に具わり現れています。つまり外的要素の姓名の確定によって内的要素の性格形成に反映し、その性格のタイプに応じた性格が表れています。また外的要素（結婚や離婚で姓が変わる）が変わると必然的に性格が瞬時に入れ替わっています。ただ無意識の世界の現象ですので、本人は認識する事は出来ません。そこに無意識の「性命」の意味付けが前述の第七識に関連するところです。

この根拠を裏づける要素に、脳組織細胞の中にすでに性格をつかさどる性格形成細胞が存在しているのではないかと、姓名九性学の独自の理論で図３・４のように推察してみました。

無意識の世界で起こっている「非科学的現象」Ⓐ

人間の性格が形成される非科学的現象は、私たち人間の生命誕生に始まり付けられた名前の文字と両親の姓の文字との組み合わせの文字に当てはめた数値の集合数（1～9）のいずれかの数値で性格のタイプが確定します。

つまり、絶対条件の名前の文字の確定によってのみ外的要素が働き、第七識の無から有への神秘的作用で、脳内の内的要素の性格のタイプ（1～9）を司る性格形成細胞に神経細胞（ニューロン）が結合して性格のタイプの数値に準じて性格が表れます。

これが生命誕生に伴って、最初の第七識の無意識の世界で起こっている「非科学的」現象です（図3参考）。

特に注目するところは、名前の文字の組み合わせの絶対条件で得られた数値（1～9）が導かれた時点で既に性格は具わっているという事です。当然生後間もないので意思表示は出来ません。そのためどのような性格を持ち合わせているかは認識できません。しかし、二～三歳ごろになると徐々に個性が表れてきますので、そこで初めて持ち合わせている性格が認識できます。当然そこに現れる性格は名前に起因した性格であることは間違いありません。

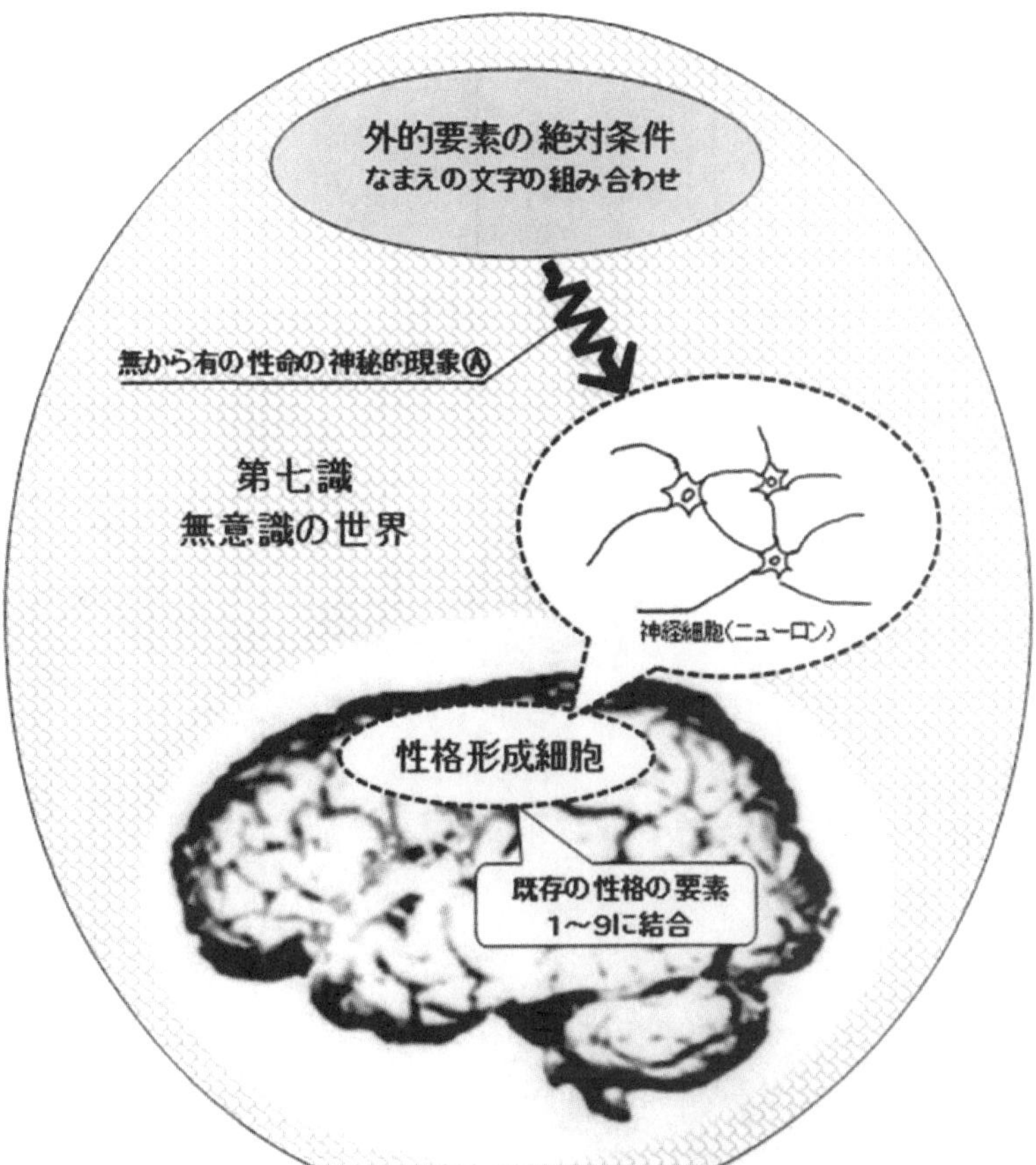

図３　生命誕生から始まる非科学的現象Ⓐ

無意識の世界で起こっている「非科学的現象」Ⓑ

さらに、唯一性格が変わる要素に結婚があります。結婚する事によって従来の姓から結婚相手の姓に変わります（養子の場合も同様です）。それに伴って名前の文字が変わり文字の組み合わせも変わります。当然、文字に当てはめる数値も変わり、導かれる性格のタイプ（1〜9）も変わります。いずれかの数値に反応して性格が瞬時に入れ替わり現れます（図4参考）。

生命誕生の命名に始まり特定の性格が具わりました。さらに結婚によって名前の姓が変わるだけで性格が変わるという現実をどう受け止めるかです。このような不思議な現象は世界のどの国でも実際起こっています。極端な話、地球上で認識されていない事が現実に起こっている訳です。しかし、世界の専門的権威や脳神経科学等の分野での着眼点は、あくまでも脳の働きによるものであるとの認識で長年研究されていますが、科学的に証明する事が困難であるためか性格がどのように脳に反応して形成されているのか現在でも解明されていません。おそらく脳の観点から性格の存在と実態を解明する事は不可能ではないかと推測します。本当の人間の性格形成の起源は、私たちの名前の文字及び文字に当てはめる特定の数値で導かれた数にあった訳です。それによって、性格形成の要素が脳に反応して性格が具わってい

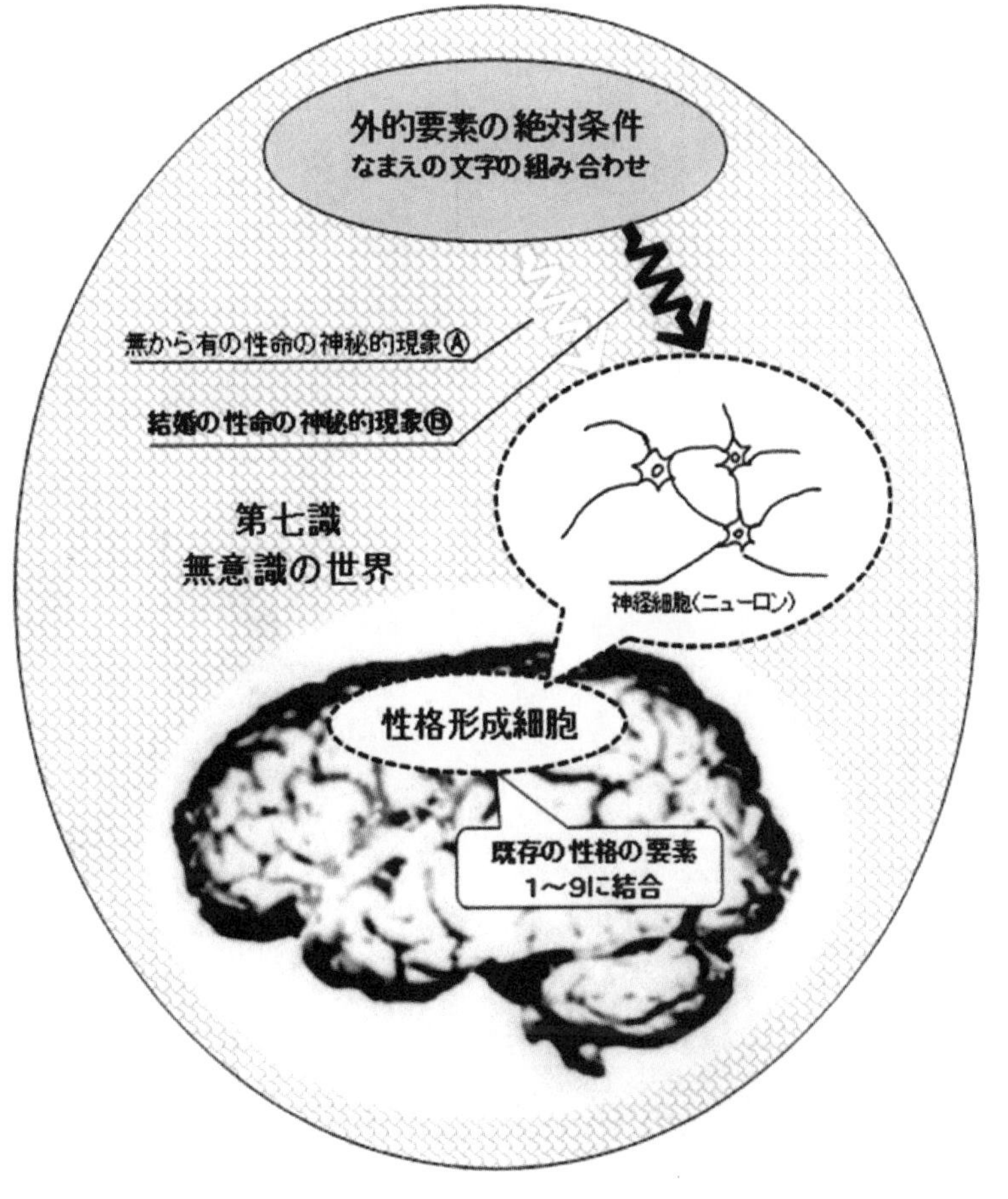

図４　生命誕生から始まる非科学的現象Ⓑ

る事が姓名九性学の理論で解明できました。人々の無意識の世界で世の中と人々と関わっている真実の姿です。

つまり、外的絶対条件の変化に、第七識の無意識の世界が反応し、脳内の性格形成細胞に神経細胞（ニューロン）が瞬時に結合作用している事を示しています。

これらの要素の背景から最も興味を寄せるところは、性格形成細胞は生命を宿した母体内で既にその要素は備わっていると推察できる点です。勿論、確証を得た答えではありませんが、どう考えても始めの命名で性格が具わる性格が、間違いなくその性格のタイプに応じて表れる現象を考慮した場合、性格のタイプは勿論の事その要素は事前に具わっていなければ性格は現れないと確信する次第です。

これらの要素以外で、性格形成される要素は様々な見地から判断しても思い当たる要素は考えにくく、例えば、血液型や遺伝的要素や社会環境等など、それらの条件で脳が反応するとは考えられない事から、性格を形成する要素は全くないと判断します。

従って、性格形成の要素の絶対条件の名前が脳に反応しているとすればすべての疑問が解けます。これが無意識の世界で起こっている「非科学的」現象という訳です。

性格形成細胞の存在

脳科学の世界に性格形成細胞そのものが存在しているかどうかは全く分かりませんが、その細胞があると仮定した場合、姓名九性学の理論の、名前が起因して性格が具わる、あるいは結婚して姓が変わり新たな性格が具わる現象を考慮した時、性格は必然的にしかも無意識の中で瞬時に具わっていることが分かります。特に生命誕生の時点では既に性格は具わっていると判断します。

その背景に、次のような現象が確認できます。一般的に赤ちゃんが生まれる数カ月前から名前を考え、生まれてから名前を付けます。それによって、名前に起因した性格のタイプを認識するといった、偶然の要素で具わっている性格を分析する事ができます。

もう一つの性格が具わる必然の要素に、予め性格のタイプ（1～9）いずれかの数を決め、そのタイプの数に沿った性格になる事を前提に名前の文字を数値に当てはめ姓の文字と組み合わせると予め設定した性格になる事も確認できています。

この事から推測すると、性格形成細胞は既に存在している事になります。しかも瞬時に名前の絶対条件が伴わない限りその性格は形成されていません。これが、無から有に転ずる瞬間を意味していると推察する所以《ゆえん》です。この現象は結婚した場合の姓の変更にも同様の作用が起こっている事から、簡単に考えると脳内には性格形成細胞が存在し、それぞれの性格のタイプ（1～9）の性質を持った細胞が存在し神経細胞（ニューロン）の結合作用によって性格が表れていると推測する事ができます。別の観点から推測すると神経細胞（ニューロン）自体がその性格の要素に適合して変化し脳と結合しているのか等など、まったく夢のような宇宙的空間の世界に引きずり込まれる理論です。

姓名の文字の数値と性格の関係

まず始めに、文字に当てはめる数値及び性格のタイプを導く技法は二九ページに記載した理由から解説は出来ませんのでご了承ください。

まず読者の皆様が疑問に思われるのは、なぜ名前の文字は漢字でもなくローマ字でもなく平仮名なのかという事ではないでしょうか。この事は誰もが疑問に感じておられるところでして、それにはちゃんとした理由があります。

日本人だけに当てはまる性格分析ではなく世界の人々にも当てはまるという観点から文字は共通でなければなりません。従って、すべての文字の形を統一できるとしたら日本の文字で、しかも五十音に置き換えると日本語は勿論《もちろん》のこと様々の国の文字の呼び名はすべて五十音に当てはめる事ができ、それらの一つ一つの文字の意味する数値に置き換える事ができ、性格のタイプを示す数値が導けます。また、文字の形には漢字も含め諸外国の文字を単に日本の文字に置き換える事が出来ない場合があります。この場合は言葉で発声する音を聞き取り五十音に当てはめる事ができます。

これらの条件のもと外的要素の絶対条件に導かれて内的要素の性格形成に反映するという

関係が、世界共通の姓名の文字を数値と性格の関係から生まれる所以です。因みに友人の紹介でアメリカ人、オーストラリア人、韓国人、また日本人の方がアメリカ人の方と結婚され名前が変わられた方など、少数ですが名前に起因した性格分析をさせていただきました。その評価は絶賛でした。

図5は名前の文字を当てはめる五十音表です。

この表に名前の文字と数値を当てはめて性格のタイプを確定する数値を導きます。その場合の漢字又はローマ字を平仮名又はカタカナに置き換える場合の一例ですが、日本の総理大臣の安倍晋三首相ですと「あべしんぞう」（なお、「べ」は「へ」に、「ぞ」は「そ」に）となります。

アメリカ大統領 Barack Obama PRESIDENT を日本の文字に置き換えますと「バラク オバマ」という文字になります。ロシア大統領 Vladimir Vladimirovich Putin RESIDENT を日本の文字に置き換えますと「ウラジーミル ウラジーミロヴィチ プーチン」（なお、「ヴ」は「ウ」に）となります（勝手にお名前を使用致しましたこと深くお詫び申し上げます）。

あ a	か ka	さ sa	た ta	な na	は ha	ま ma	や ya	ら ra	わ wa
い i	き ki	し si	ち ti	に ni	ひ hi	み mi		り ri	
う u	く ku	す su	つ tu	ぬ nu	ふ hu	む mu	ゆ yu	る ru	を wo
え e	け ke	せ se	て te	ね ne	へ he	め me		れ re	
お o	こ ko	そ so	と to	の no	ほ ho	も mo	よ yo	ろ ro	ん nn
が ga	ざ za	ぱ pa	ば ba	だ da	ぎゃ gya	じゃ ja	にゃ nya	びゃ bya	りゃ rya
ぎ gi	じ zi	ぴ pi	び bi	ぢ di	ぎゅ gyu	じゅ ju	にゅ nyu	びゅ byu	りゅ ryu
ぐ gu	ず zu	ぷ pu	ぶ bu	づ du	ぎょ gyo	じょ jo	にょ nyo	びょ byo	りょ ryo
げ ge	ぜ ze	ぺ pe	べ be	で de	ちゃ cha	みゃ mya	ひゃ hya	ぴゃ pya	
ご go	ぞ zo	ぽ po	ぼ bo	ど do	ちゅ chu	みゅ myu	ひゅ hyu	ぴゅ pyu	
					ちょ cho	みょ myo	ひょ hyo	ぴょ pyo	

図5　五十音表

絶対条件の数値の確定と性格の確定

絶対条件の要素がすべて整いますと、名前の文字に起因して一つの性格のタイプを表す数値が確定します。その数値が示す数（1～9）が生命体の性格形成の内的要素に反映し性格のタイプが示す性格が確定します。その性格の確定こそ先に述べましたエニアグラムの九つの性格のそれぞれの性質が姓名九性学の理論と共有する現象という事です。

しかし、文字一つ一つに当てはめて得られる数がどのようにして生命体の性格形成の要素になるのか、その実態は歴史的にも実例はなく、当然それらに関する文献は存在しないと推察いたします。ただはっきりしている事は私の示す絶対条件の数値が確定しない限り性格は確定していないという現象は現実に起こっていることから確信に至っています。

がしかし非科学的根拠に基づく現象論を皆様に認めていただけるかどうかは別として、ある仮説を推測したのが前述の意識の第六識と無意識の世界で起こる第七識が共鳴し合い性格が表れているということです。この現象は決して都市伝説ではありません。

姓名の絶対条件は全て本名

姓の文字の組み合わせで性格のタイプの数値も変わることは前述の結婚または離婚で変わる性格のタイプと関連していますが、性格が確定する絶対条件で最も重要な事は、姓名は本名でなければ本当の性格のタイプは導けません。また性格形成の内的要素に反映しません。それとの関連から結婚及び離婚に際して姓の変更に伴って名前の文字の組み合わせも変わり、それと同時に性格のタイプを表す数値が変わります。

その文字の持つ数値は名前の絶対条件である本名にのみ当てはまるという事です。また結婚離婚に関わらず導かれる数値が同数の場合は性格に変化は現れません。この理屈は大人も子供もまったく同じ現象で性格が具わります。

つまり姓名は生命誕生の命名から始まりそれが本名になります。日本の場合は戸籍《こせき》制度がありますので赤ちゃんの命名後入籍届を出して初めて家族の一員になります。結婚または離婚の場合でも入籍あるいは除籍といった手続きで本名がその都度《つど》変わります。諸外国では戸籍制度がない国もあれば日本とは異なる方法もあると認識しています。名前の本名の意味は生命誕生に伴って命名される名前に本名の由縁《ゆえん》があり、戸籍制度の有無はその国の事情背景によるものなので性格に反映する事は全くありません。

従って、世界共通の命名は戸籍に関係なく最初に付けられた名前で性格は形成されますので、絶対条件の名前が変わる要素（結婚・離婚・養子・正規の改名）がない限り性格が変わる事は絶対ありません。

例えば、日本の歴史的人物の名前ではっきり認識できる方に次のような人物がいます。織《お》田《だ》信長の本名は織田吉法師《きちほうし》・徳川家康の本名は松平竹千代《まつだいらたけちよ》・坂本竜馬《さかもとりょうま》の本名は坂本直柔《なおなり》・西《さい》郷《ごう》隆盛の本名は西郷隆永《たかなが》・野口英世《のぐちひでよ》は本名であった野口清作《せいさく》を正規に野口英世に改名等など、歴史的人物の名前から分かる事は本名とはまったく関係のない名前を用いたとしても基本的な性格は本名に基づいて性格は確定しています。

芸名および偽名と性格の関係

芸名と言えば芸能人がすぐ頭に浮かびますが、何も今に限らず歴史上の人物も本名以外の名前を用いている方は存在していました。例えば、織田信長、徳川家康、豊臣秀吉、坂本竜馬等など、この方々も一種の芸名かと考えられるのですが、そんなとんでもない歴史上の偉大な人物を侮辱するにも甚だしい今の芸能人と比較しては大変失礼なことです。がしかし本名の絶対条件で性格は形成されるとする理論は譲れませんので、あくまでも人物評価は歴史上の名前が表に出ていますが、生き方や考え方等自分自身の人生のあり方はすべて本名により導かれた性格で世の中と人々と関わっています。

失礼とは存じますが時代時代を背景に自己の価値観や存在感を他の人に意識させ自己の立場地位を確立するための名前（芸名）は一種の道具となるのではないでしょうか。現在の芸能関係の芸名も共通していると考えます。またそれとは意味が異なるのが偽名《ぎめい》です。偽名の目的は定かではありませんが、しいていうなら本名を知られたくないといった理由や低迷から脱出したい等、運を名前に託す方もいらっしゃいますが、残念な事に運に反映する事はほぼありません。何といっても芸名や偽名は自分にとって都合のいい代用品という事でしょう。

いずれにしても芸名や偽名は何らかの目的を意識してその名前を用いたりしておられることでしょうが、それによって性格が変わる要素はありません。あくまでも絶対条件が伴わない限り性格は変わりませんので、運気や人生が変わる事は残念ながら到底考えられませんし有り得ません。自分の運命は自分自身に必然的に具わった性格が自分自身を導き今があるという事です。

名前を意識して変えたり名前を付け加えたりは外見的自己存在の価値観であるのに対して、姓名九性学の理論の観点は、生命体の性格形成要素に反映する条件は無意識の世界（第七識）の霊異的現象によってのみ性格は形成されるということ、自分だけの内面的存在価値でなければならないのです。

「偶然」と「必然」の現象

性格が具わる絶対条件には二つの要素がある事は前述で多少触れていますが、性格が具わる過程の二つのいずれかで性格は形成されています。それが「偶然」と「必然」の現象です。まず生命誕生から始まる命名の段階でこの過程は始まります。一般社会では当たり前の事ですからなんら不思議なことではないかも知れませんが、姓名九性学の命名の理論は、それによって性格が決まる正に人間の運命を決める儀式でもある訳です。

何もそんな大げさな、なんてお考えの方いらっしゃったらそれはとんでもない誤解です。人間の歴史上誰も発見できなかった、これまでの世の中の常識では考えられなかった人間の性格形成の要素が、実は名前の中に秘められている事が判明した以上、その現実を明らかにすることで様々な人間社会の諸問題解決に貢献できると確信する次第です。

その命名で人間の運命的性格が定まっているというのが「偶然」と「必然」の現象です。その始まりは、生命誕生で付けられた名前の文字によって初めて性格が具わる訳ですが、両親をはじめその子供はまだ自分がどのような性格を具えたのかも知る由もありません。それが当たり前のことなのですが、その当たり前から名前に起因して具わっているとする性格は命名の後に姓名九性学の理論で導いて初めて、その名前の文字の秘めた数値に伴った性格のタイプとその特徴が認識できるのです。ということは「偶然」命名された名前で性格が具わったという事です。

次に「必然」の現象についてですが、これまで世界の人間社会には存在しない、またあり得ない、常識では考えられない現象についてお話しいたします。これはまさに偶然の世界の逆説の結果論ということなのですが、性格は名前で形成されるとする絶対条件が伴って初めて生命体に反映し、性格は一定の要素に従って現れます。つまり「必然」の現象とは、先に性格のタイプを予《あらかじ》め設定（1～9のいずれかの数値）し、姓名九性学の技法でその数値になるように名前の文字を姓の文字と組み合わせますと、予め設定した数値に沿った性格が具わるという成果が得られることが判明しました。この「偶然」と「必然」の現象に拘《かか》わらず、性格形成の要素は姓名の文字にあるのではなく、文字に当てはめる数値に意味があるという事です。この非科学的現象の発見により、人間の性格形成には姓名が重要な役割を持っている事が姓名九性学の理論で明確に確認でき認識する事ができます。

第二部　無意識の心の世界

第一章　無意識の三つの心の世界

生命誕生に始まり命名で一つの性格を導く名前の文字が整い、これによって一つ一つの文字の数値の組み合わせで特定の数値が導かれ、その数に伴って運命的人生スタイルが確立します。その結果が「偶然」であろうと「必然」であろうと間違いなく一つの性格が具わりました。これまでの様々な諸説や推論の過程から現象論に至るまで、本当に人間は名前によって性格が具わっているのだろうかといった疑問や謎だった性格の存在が明らかになる真実の世界にやっとたどり着きました。それが無意識の三つの心の世界なのです。

ここからは推論や謎の世界ではなく現実に起こっている心の世界のお話になります。

図6はそれぞれの性格のタイプの無意識の心の世界の領域です。「意志」の世界、「感情」の世界、「知識」の世界の三つの心のゾーンに分かれ、人それぞれに具わった性格はそのいずれかの世界に属し、自分自身の性格の存在的価値観を象徴する心の気軸になります。この無意識の心の世界は、三七ページで述べた意識の説と関連し、第六識の意識は「生命」を意とするならば、第七識は無意識の「性命」を意とする心の世界を表しています。

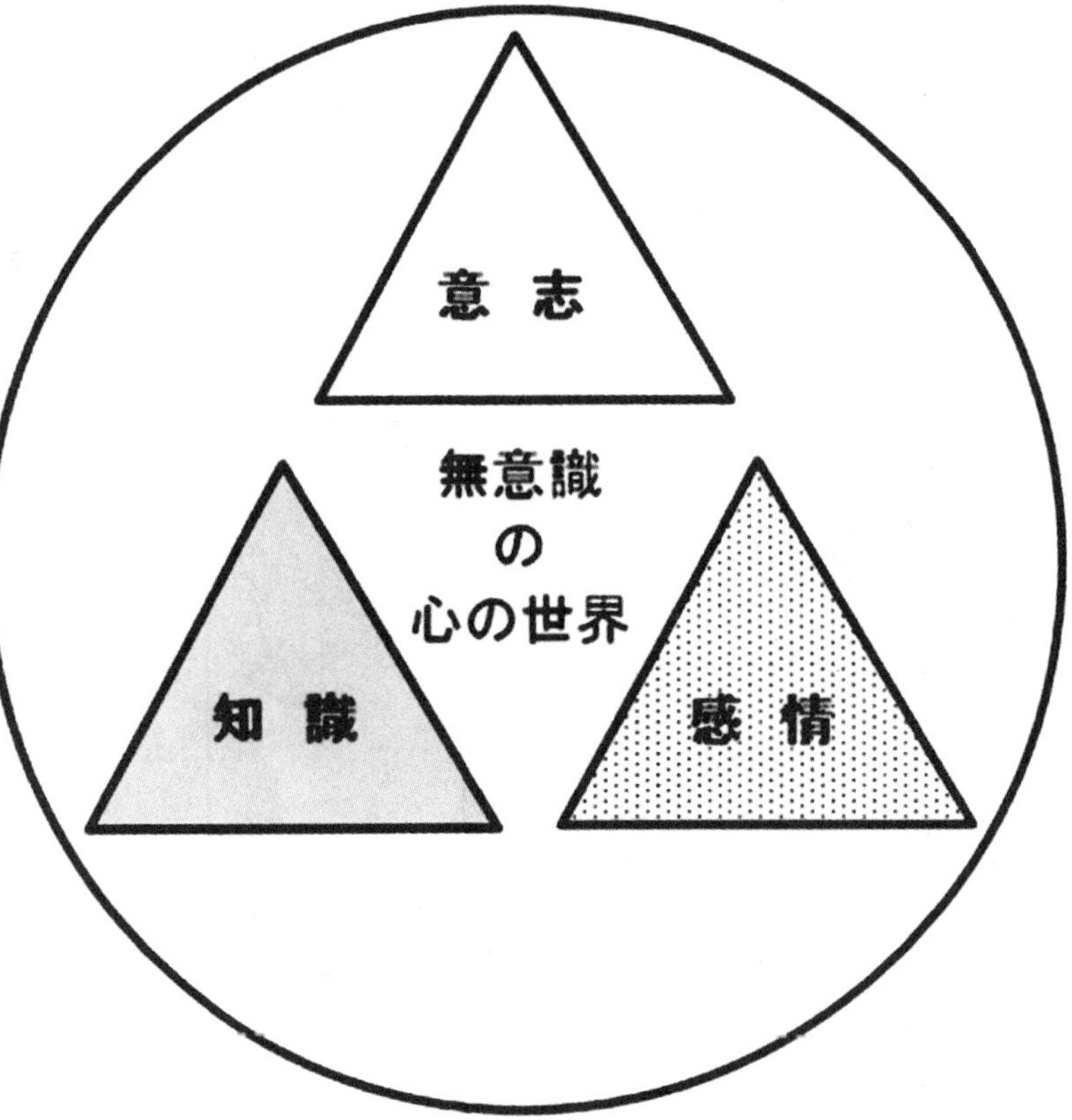

図6　無意識の心の世界

「意志」の世界の特徴は、自分自身の存在的価値観を主張し、自分自身の意思に忠実であろうとする世界です。物事を成し遂げようとするとき、誰の支持も受けず誰かの考えに沿うものでもなく、あくまでも自分自身がどうありたいかといった、納得のいく方法や考えに従って物事を処理し実行します。

「感情」の世界の特徴は、自分自身の存在的価値観と評価を他の人に求める世界です。人との関わりの中の自分自身を尊重して貰《もら》えるか貰えないか、また必要とされるかされないかの人間関係を重んじます。

「知識」の世界の特徴は、自分自身の存在的価値観を自分自身で評価する世界です。他の人からの評価はそれほど重要ではなく自分自身の正当性を優先し、自己願望を抱き自分の意思を尊重し人間関係の信頼を築きます。

人間の無意識の心の世界は想像の世界ではなく、現実に私たちの名前に起因して具わった性格によってこれらの三つの世界のいずれかに属しています。ただ人間の世界にこのような世界があるなんて、人類誕生に始まり言葉を認識し人間の性格の起源が名前に起因して具わっているなんて、誰も想像もしていませんでした。そのため、現代社会の今日、まさか人間はこのような性格の世界で世の中と人々と関わっているなんて全く知る由もありません。しかし現実に人々はこのような性格の世界で人々と関わり合っています。

その立場や地位に関係なく男性女性に関係なくまた親子に関係なく大人も子供も、これらの三つの無意識の心の世界の一つの世界に属し自分の存在価値を主張しています。人々はまさかの世界で様々な事に人間関係に携わっているという現実の人間社会の謎とその実態を、それぞれの必然的に具わっている性格の存在を本著書で生まれて初めて認識する事ができます。

「無意識の三つの心の世界」に属する性格のタイプ

名前に起因して具わる性格のタイプの数値は1から9の数が成立し、六七ページの図7の無意識の三つの心の世界の性格を示す1から9と同数にそれぞれが属しています。

性格のタイプの8・9・1は「意志」の世界に、性格のタイプ2・3・4は「感情」の世界に、性格のタイプ5・6・7は「知識」の世界にそれぞれ属しています。

この世界が名前で運命的に導かれた数の世界なのです。名前の意味にはこのような背景があることを初めて認識されたと思いますが、人間の性格は人の数だけある訳ではありません。例え千人であっても一億人であっても性格は9タイプしか存在していませんのでその数の九分の一になります。また、性格のタイプを認識していただく上で大切な事は性格の特徴はそれぞれに具わった数の心の世界に属していることから、それぞれ異なった性質が表れます。そのために皆様が間違った解釈をされますのは、性格はその人物の個性であり能力ですので決して性格のタイプの優劣を比較し欠点を示すものではないという事です。

それぞれの性格のタイプの異なる所にお互いの存在感と価値観があり、具わった性格は自分の能力であり魅力なのです。

余談ですが、性格に関連して一般的によく質問されますのが、血液型は関係していますか、生年月日や字画はどうですか等などですが、性格形成の絶対条件にそれらの要素は見出せないことから、はっきり申し上げましてまったく性格に反映する事はありませんので誤解のないように。また、性格形成には全く無関係です。

姓名九性学の理論には世界共通の意味で名前の絶対条件があり、人間はその条件が伴って初めて性格は形成され世の中と人々と関わっているという現実があります。ただ残念な事は、人間の長い歴史の中でまさか名前に起因して性格が形成されるなんて誰も想像出来なかったということです。また課題にもならなかったのでしょう。

ただ唯一、冒頭に述べましたエニアグラムの理論の創始者だけは姓名九性学の理論の名前から性格を導く技法を既に認識した上で、当時の人々の名前から性格のタイプの分類とその性格の特性を分析することができたのではないかと推測すると違和感は覚えません。

その理由は性格を形成する絶対条件の理論が創始者によってすでに確立していたとすれば、姓名九性学の理論が成り立ちます。さらに、双方の理論が共通していればこそ、性格のタイプとその特性が唯一認められるという事です。しかも名前の文字の絶対条件からでないと性格のタイプが得られないはずだと確信できる事です。それによって性格が形成されているという現象がエニアグラムの九つの性格からも確認でき一種の「現象論」として認識できます。

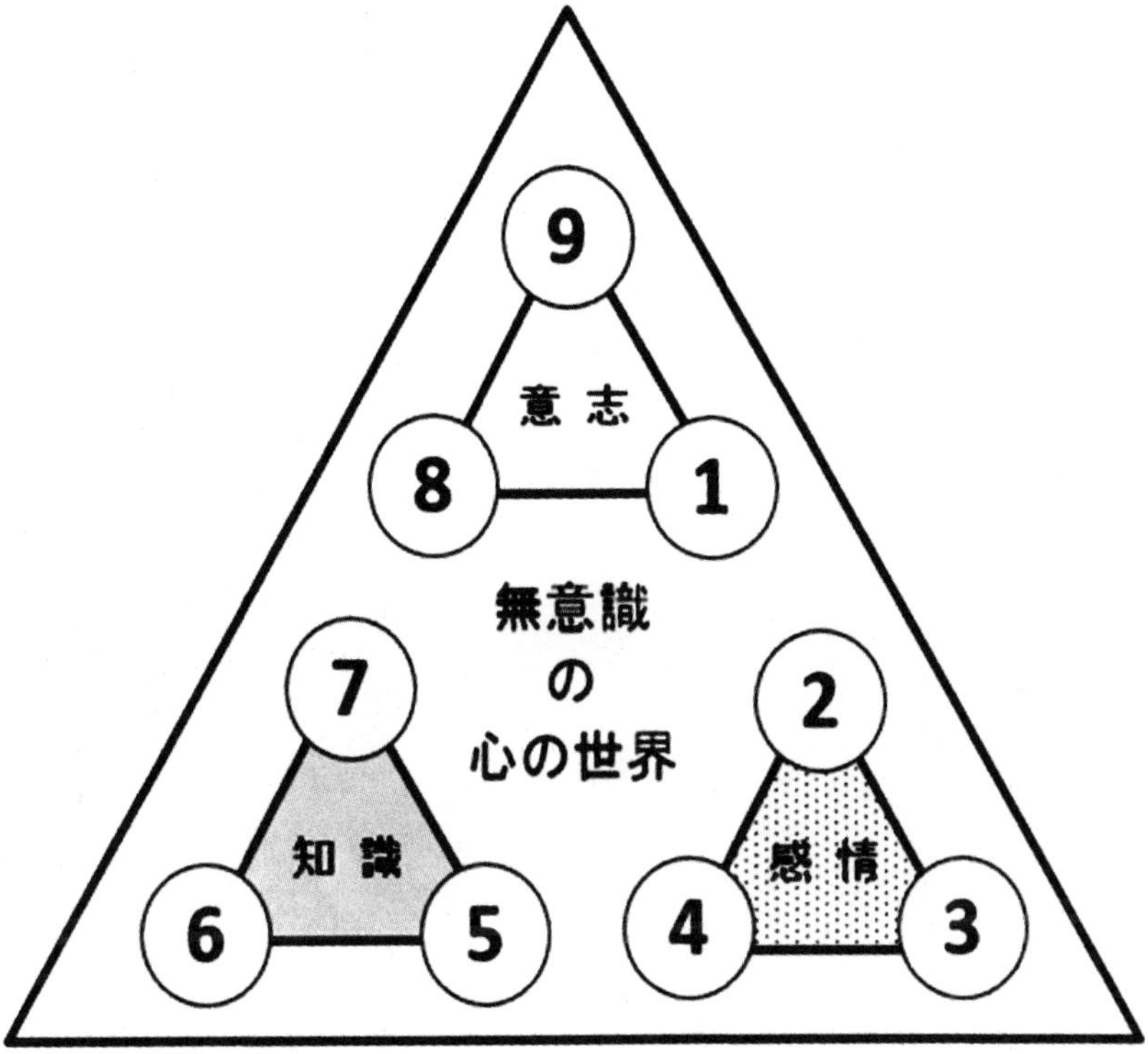

図７　無意識の三つの心の世界

古代の歴史上の哲学者や心理学者など専門的権威の方々の人間の性格形成に関する見識は確かな根拠に基づいた理論ではないと推察いたします。その理由は、それぞれの見解は答えを導くための推論ではと考えられる点です。そのためか性格形成に関する文献はこれまでの経緯から存在していないのではと考えると不思議ではなく、姓名九性学の理論の観点から評価した場合は人間の性格形成は間違いなく名前に起因して具わっていると確信できることから、推測でも推論でもない現実であると結論づける事ができます。

従って哲学や心理学を考察した場合、その論点が全く異なってくるため明確な答えを得る事が出来ないのも当たり前なのかもしれません。

要するに姓名九性学の理論はこれまでの人間社会にはない全く新しい人間の性格形成の謎を解いた、もしかしたらいやもしかしなくても世界で初めて確立した理論になるのかな？これって勝手な思い込みですかね。

次項から無意識の三つの心の世界に存在している性格のタイプについてのお話の前に、読者の皆様にとって関心がおありになるのは自分の性格のタイプって何番だろうといったことだと思いますが、単に番号だけ意識していただくことに意味はなく、まず初めに理解していただきたいのは、名前に起因した性格のタイプの存在は勿論のことですが、それぞれの性格が三つの心の世界のどこに属しているかをまず認識していただく事と、それぞれの性格の心の働きの基軸を認識していただく事が重要と考えます。

それぞれの持ち合わせている一つ一つの個性の表れ方はそれぞれの置かれた環境やその中での状態や関わる人間関係の中で心は変化しそれに応じて性格の現れ方は常に変化します。従って、自分自身の性格の特性を理解するためには現実の状況下に置かれたある状態の時の心の働きとその理論を学ぶ以外に、自分自身を認識する事は出来ないとこれまでの多くの方々の体験からうかがえます。つまり、机上の論は深く心に留まらず理解できないことは学びにはならないという事です。

姓名九性学の理論は、常に現実の実践論の中に適切な答えが存在し、「こうしたら失敗した」から「こうしたら失敗しない」心の学びがあるということです。

姓名九性学の性格分析は名前に起因して具わった性格を独自の技法を用いて性格のタイプを正確に導き、その名前に起因して具わっている性格の特性を明確に認識できるのが大きな特徴です。

姓名九性学の名前に起因して性格が具わる理論は
二千年の歴史を経て初めて人間の性格形成の謎を解く
世界には存在しない全く新しい理論として世の中に誕生しました。

「意志の心の世界」の性格のタイプ（８・９・１）

図8の三つの無意識の心の世界の中の「意志」の世界には性格のタイプ８・９・１が存在しています。当然これらは名前の文字の絶対条件から導かれた数であると同時に性格形成の外的要素が内的要素に反映して性格が確定した性格のタイプを示します。

その性質はそれぞれ独自のこだわりの生き方や考え方を持ち合わせています。そのため、「意志」の世界に属しているそれぞれの性格のタイプは自分自身に向き合い他のすべての性格のタイプの性格にはまったく無関心であるかのような態度をとるところがありますが、実際は他の人の感情的な真意や物事を深く考える事が苦手で、結果を素直に直視する心の世界にいるため、他のタイプとの関わり方はそれほど上手くありません。そのためコミュニケーションはあまり期待できません。得意ではないようです。

そのせいではないのですが、意志の世界にいるそれぞれのタイプはお互いに関わり合う事はそれほどありませんが、その適度の距離感と尊重の世界が違和感なく、他の性格のタイプとはまったく異なる考え方を持ち意志の心に忠実に、他の心の世界のタイプの影響を最も受けない世界に属しています。

性格は必然的に具わったタイプそれぞれの潜在《せんざい》能力であり、それは無意識の心の世界に存在しているため意識してもまったく意識できないものなのです。そのため、その性格の個性は自分の意識の中にない自己欲求や自己願望の心の変化にコントロールされ、現実の人間社会にその性質が表れています。

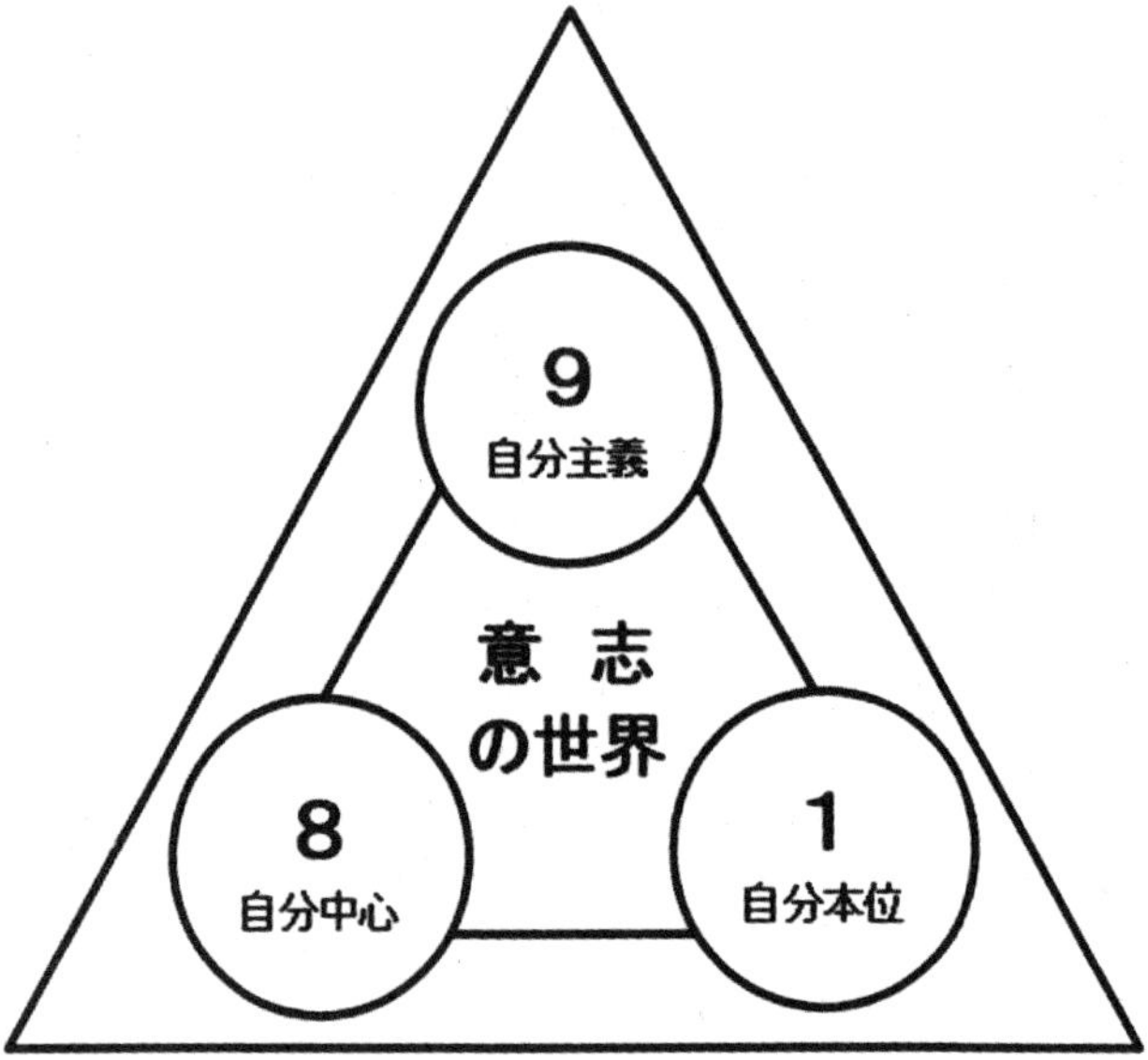

図８　意志の世界

「性格のタイプ8」の心の働きの基軸

「自分中心」

タイプ8にとって大切な事は物事と関わる時は自分の意思に忠実であることが重要なので、あくまでも自分がどうしたいのか心の意思に従います。むしろマイペースで物事に取り組む方がスムーズに捗ると考えます。自分自身の納得のいく結果を得るためには単独行動を好みます。また正義感が強く世の中は正しくあるべきといった姿勢で物事と向き合い積極的に問題改善に取り組みます。強い信念の持ち主で心強く頼られる存在です。これらは心の働きを象徴する特性の一部です。

「性格のタイプ8」の無意識の心の働き

「日常の主な心の働き」の特徴は

・他の人への配慮は繊細なところがあります。

・自らの意見や考えを主張し述べるのではなく状況をよく観察し、尋ねられたら答えるというスタイルで物事を他の人を観察しています。

・そのためか、自分を頼ってくる人を無視する事はなく、必要としてくれる人に力を注ぎます。
・観察という意味では誰が権威者かその立場の人物として評価していいか適正かそうでないかその力量を試します。
・またどんな人であれ恐れずに向き合う事ができ、自分の納得のいかない事はストレートに不満や気持ちをためらわずに伝えます。
・そこに問題が発生している場合は物事を白か黒かをはっきりさせたがります。
・つまり物事の筋が通っているかいないかを重要視します。
・物事を複雑に捉《とら》えずにシンプルに受け止めるのが特徴です。
・自分のことを深刻に自己分析する事はしません。あまり得意ではありません。
・笑顔を作ったり表情をあまり変えないので怒っているように見えたり雰囲気的に態度が大きいと見られるでしょう。本人は気づいていないのですが態度や立ち居《い》振る舞いがそのように映っています。弱い自分を見せたくないという無意識の心の働きからそのような姿に見えています。
・また感情的な表現は極力抑えます。
・基本的に自己中心的で拘束《こうそく》を嫌うのでマイペースで自分のしたい事をする方です。

自己中心的を象徴するマイペースはタイプ8の特権みたいなものです。
そのため、周りの影響を受ける事はあまりないのが特徴です。
無意識の心の働きの中に自分自身の存在価値がここにあります。
この個性がタイプ8の能力であり魅力なのです。

・自分のやり方があり人と一緒に行動するのが苦手のようです。
・特に人の支持で行動するのではなくあくまでも自分の意思に忠実に自分のリズムで行動しないと気がすみません。
・そのために物事に携わる時はあくまでも自分のペースで進めます。
・あまり干渉されるのは好きではない反面他の人の行動やしぐさはよく観察しています。
・やるべきことに集中する時は時間を無視してエネルギッシュに気が済むまで没頭します。

「性格のタイプ9」の心の働きの基軸

「自分主義」

タイプ9にとって大切な事は、物事に携わる時自分自身はどうしたいかあるいはどうありたいかが重要であり、自分の意思に反する他の人の意見は尊重しつつも結果を導く手段や考え方はあくまでも自分の意思に忠実であることが望ましいのです。要は納得できるか出来ないかの判断基準はすべて自分自身にあり、他の人の意見はあくまでも意見として受け止め、結論は自分自身の判断で導くという、一見頑固《がんこ》さを思わせますが、実はこの意思の存在こそタイプ9の無意識の心の中で最も重要な役割を果たしています。

「性格のタイプ9」の無意識の心の働き

「日常の主な心の働き」の特徴は

・タイプ9自身それほど意識はしていないのですが、周りの人々はストレートに本人の意思が伝わらないため何を考えているのかはっきり認識できなかったりするために、ちょっとした勘違《かんちが》いや誤解を与えているおそれがあることを認識する必要があります。

・物事に対して極端な反応を見せず無関心を装ったりします。
・よほどの事が起こっても極端に焦《あせ》ったり驚いたりしません。
・またどのような状況にあっても平静を装っています。
・あまり慌《あわ》てたりせずマイペースで呑気です。特に何もしないでゆっくりくつろいでいる時間が一番好きなようです。
・焦って行動する事や気持ちが急くことはないようです。
・やらなければと思っていてもやる気がでないとやらない。例えば後片付けや特に掃除などは今すぐではなく必要になったらといった感じで慌てません。お客様を招く時はそうではないようです。
・過ぎた事にはいちいち拘わらずそれ程気にしていません。
・物事に携わる時、興奮したりオーバーに振る舞ったりせず、冷静を装います。
・それに感情的になる事はあまりなく冷静に状況を見渡して対応します。
・些細な事にはあまりこだわらず気持ちのままに行動する方で、一日が無理なく自然の流れに従って過ごせるのが心地良いようです。自分に負担がかからないように無理は出来るだけ避けたいという訳です。
・一見、呑気に見られたりしますが実は大らかな人間として評価した方がしっくりします。

タイプ9の存在的価値観は他の性格のタイプにはない独特の個性を持ち合わせています。

この性質の表れは無意識の中の潜在能力なのでまったく自覚がなく、自分自身の能力を低く見ているところがあります。

また、多分こんなはずと言った勝手な思い込みの妄想《もうそう》の世界に入り、いつの間にか諦めてしまうことが時々あるので気を付けたいところです。

・人との関わりでは、誤解されるのが嫌なので人の意見を尊重し相手に合わせます。
・自分の意見や考えは別にあってもその場で述べる事はしません。
・たとえ質問されても相手の意見や考えに従う方が自分にとって楽なのです。それによって心の葛藤《かっとう》から逃れられるのです。
・常に協調性を心がけているためイエス・ノーがはっきりしないかも知れませんが、内心ではイエス・ノーははっきりしている場合があります。
・本質的には人の意見は尊重しつつも自分の意思に忠実で、自分自身の判断や考えを尊重していますので他の人の意見や考えに従って行動はしません。結構頑固です。
・人の話には大変興味を示し会話を楽しみ話の内容をしっかり分析もします。
・それ程意識されるような人間ではないと考えているせいか自分を前面に出しません。

「性格のタイプ1」の心の働きの基軸

「自分本位」

タイプ1にとって大切な事は、物事に携わる時どうしても譲れないのがある、こうあるべきといったこだわりです。自分自身の判断基準の中にある意思はその基準に従ってこそ完璧《かんぺき》性が得られると確信しています。従ってその欲求は自分自身にも他の人にも向けられます。またその基準は逆に不完全である事に対して批評の対象になり、完璧であるべき物事の改善策の一つの手段は改革しかないとエネルギーを注ぎます。その一方で改革には破壊が伴う事も認識する必要があります。

「性格のタイプ1」の無意識の心の働き

「日常の主な心の働き」の特徴は

・自分では間違ったことはしていないと考えるので、他の人からのアドバイスや助言は自分を批判していると受け取ってしまうところがあるので要注意です。

・そのため他の人から欠点のように指摘をされると気分を悪くし、表面では何ともない素振りをしていても顔にはその怒りの表情が表れます。嘘を隠せない正直さの一面です。
・物事がきちんと思い通りにいかないと不満が募ったりしがちです。
・他の人の時間に合わせて行動すると自分のペースが狂ったり、人と一緒にくつろいだり冗談《じょうだん》や砕けた会話が苦手のようです。
・表面には出さないけど心配性なのか結構周りを気にする方かも知れません。
・完璧を心がけているせいか人のやり方や進め方が気になったりするのは、失敗したくないから自分の方法のやり方や進め方を他の人にも厳しく求めるところがあります。
・自分の気持ちに素直でありたいので正直に対応する事を心がけています。そのためにウソやごまかしはしません。
・物事は正直であることが大切と考えていますので、悪いことをする事に対して許せないという思いが募ります。
・日々の行動に関してはやるべきことを時間内で手順よく出来ないと焦ってしまいます。
・また一日どのように過ごしたかを思い返し、間違いはなかったか、良かったか、反省します。
・大変几帳面《きちょうめん》で案外デリケートで表面では強がっていても内心は傷つきやすいようです。
・自分が完全であれば当然人は自分を認めると考える反面、目標に向かって努力しているタイプ1の心の働きは、世の中の不完全さとの葛藤の中で自身の正当性を主張します。

そのため理想の完璧を求めるための改革心は誰よりも強い信念を持って改革に挑みます。

心の働きが自己欲求を満たすだけの完璧性を求める自我の性質に陥ると悪い方向のワンマン的能力に変貌《へんぼう》する恐れがあります。

常に寛大な心で人々と物事の不完全さと向き合い受け入れることを意識する必要があります。

姿勢は表には出しません。忍耐強く物事に取り組む姿勢は誰も真似できないでしょう。
・世の中に対しては人の立場や地位が平等でない事に対してはかなり厳しく批評します。
・自分の完璧を人にも強要しがちで、完璧でないと感情が湧いてイライラしている事があります。つまりこうあるべきといった自分の判断基準で物事の良し悪しを批評します。

「感情の心の世界」の性格のタイプ（２・３・４）

図９の三つの無意識の心の世界の中の「感情」の世界には性格のタイプ２・３・４が存在しています。当然これらは名前の文字の絶対条件から導かれた数であることは「意志」の心の世界と同様に性格形成の外的要素が内的要素に反映して性格が確定した性格のタイプを示します。その性質は同じ「感情」の心の世界に属していながらも生き方や考え方はそれぞれの性格のタイプの個性で人と関わっています。自分自身の価値観は自分自身の成果で評価するのではなくタイプが関わる環境の中の人物の評価や期待される環境の中の存在価値を求めます。そのため、人の影響を受けやすいのも事実です。また、「感情」の世界に属しているタイプ２・３・４は自分以外の性格のタイプの方々と違和感なく関わることのできる能力は、他のタイプには見られない特性を持っています。

ただし、同じ「感情」の世界に属する同士は、だからと言ってそれぞれが関わり合う事には多少問題があり、それぞれの個性が生かされないといった弊害が生じることがあります。従ってそれぞれの性格の持つ役割や使命感に満たされるためには、まず自分自身の目的や目標をしっかり掲げその達成に向けて努力する自立の心が重要です。

性格は必然的に具わったタイプそれぞれの潜在能力であり、それは無意識の心の世界に存在しているため意識してもまったく意識できないものなのです。そのため、その性格の個性は自分の意識の中にない自己欲求や自己願望の心の変化にコントロールされ、現実の人間社会にその性質が表れているという訳です。

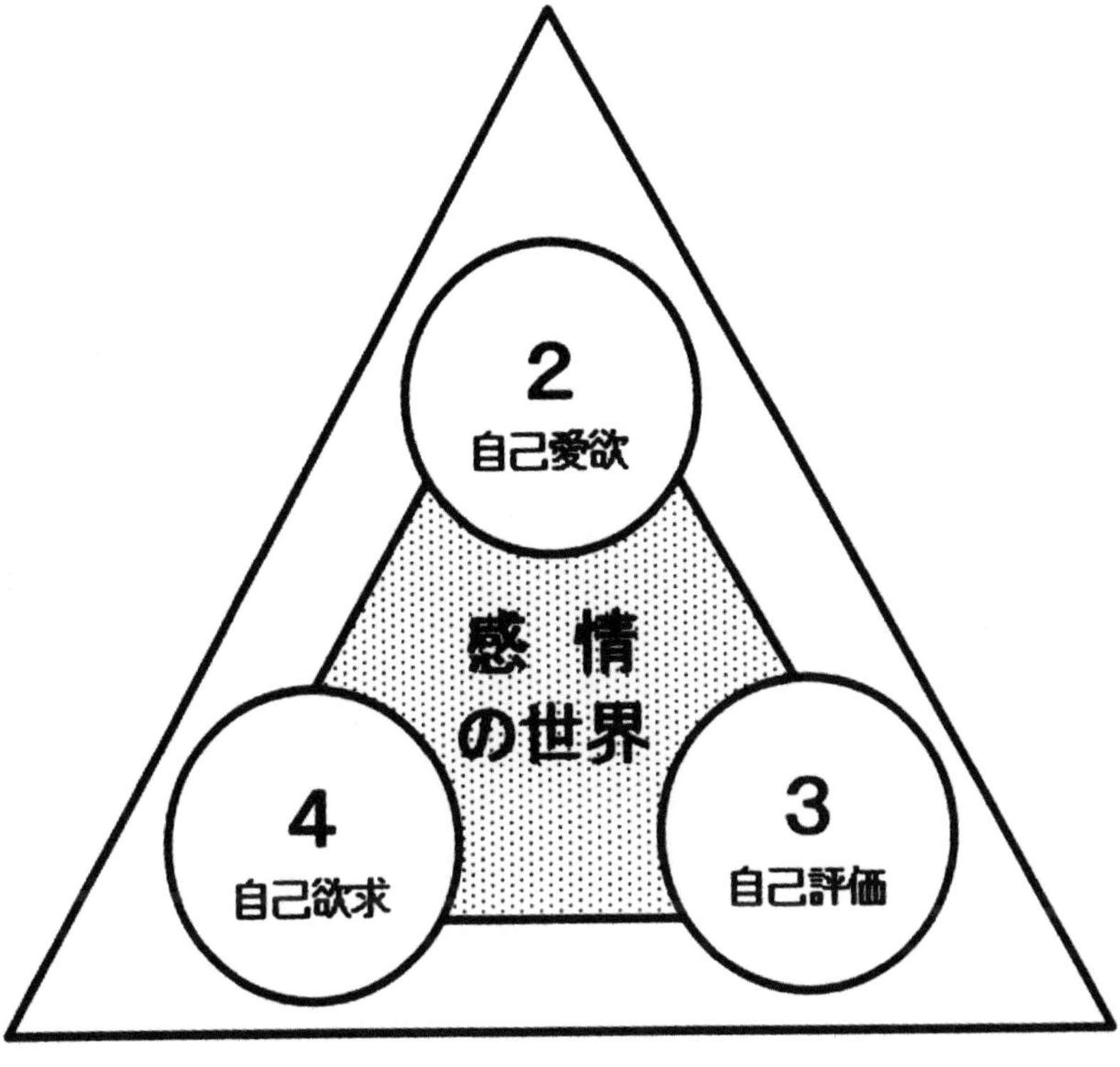

図９　感情の世界

「性格のタイプ2」の心の働きの基軸

「自己愛欲」

タイプ2にとって大切な事は、人との関わりの中で自分の必要性と存在的価値観を何時誰にどのように示すことができるかを常に心がけ、気配りを怠《おこた》らず周りの必要に応えようと努力します。そのためか自分の事はそれほど重要視していないところがあるため自分のことが疎かになりがちです。ただしその精神は他の人にない人柄の良さや心の優しい人物として評価は非常に高いものがあり、尊敬に値するものですが、自分自身の自立のために何を目標にするのか、それに向けて何を計画し実行するのか、自分のための人生設計をしっかり立てる事が重要です。自分自身のためにその能力を注ぐ事が大切です。

「性格のタイプ2」の無意識の心の働き

「日常の主な心の働き」の特徴は

・基本的に人の必要性に応える事への使命感から人との関わりを大切にしています。

・人の必要に応える事を心がけ、また必要とされる存在でありたいと思っています。

・人の手助けや役に立つ事をいつも心がけていますので親近感を持って人と関わる事を心がけています。
・そのため、常に人への気配りを怠らず、人が困っている時や手助けが必要な時は進んで行動します。
・それも人の差別をせず平等にお世話をする事を心がけています。
・自分のことよりも人のことが気にかかるため、人に頼まれるとそれに応えようとします。
そのため自分の事が疎《おろそ》かになることが多いようです。
・必要とされ必要に応える事への自己満足は自己犠牲も厭《いと》わず、人が困っている時に必要とされる事に喜びを感じると同時にそれが当たり前だと思っています。
・人と関わっている時が一番自分らしく自分の価値観を実感します。
・ただ人のためにと思ってした事に感謝されているかいないか気にかかるようです。
・そのため感謝の気持ちが返ってこない時はイライラする事があります。
・常に愛情の気持ちで人と接する事を心がけ、気持ちを分かち合える関係に喜びを感じ、人の役に立つ事に生き甲斐を感じています。
・また人の支えになってあげられて成長してくれる事がもっともうれしいのです。
・人から気遣ってもらう事に慣れていないようで、それより人のことを気遣《きづか》うのが自分の使命感のように周りの人の行動を敏感に察知し常に意識は他の人に向いています。

・タイプ2の人との関わり方には他のタイプが決して真似できない人への愛情が、自分自身の存在的価値観を高めるモチベーションの基準になっています。

・がしかしタイプ2の心の働きとは逆に、その愛を他の人々はどこまで受け入れ必要とされているのかを考える必要があります。

・課題は何でも良かれと人のためにと思って応える自分に、時にはノーと言える自分になる事も必要です。

・そのためにも状況や状態をよく観察し、「今なのか後でいいのか」その判断の下に行動することが望ましいのです。

・観察のもう一つの意味は、必要とされる事を願っている訳ですので、人から手伝いの声が掛かるまでは決して自ら行動せず、待つ意味の「今なのか後でいいのか」があります。

・つまり、善意が無駄にならないように行動する事も大切ですので、是非心がけて欲しい課題です。

・また、「今なのか後なのか」は様々な場面で自分の意思を伝える場合でも判断基準になります。

人と関わる意味には自己愛欲を満たす行為とは別に人を育てるという意味があります。

関わる人々の自分自身の自立のためにも重要な判断なのです。「今なのか後なのか」には人それぞれの体験と失敗の中に成功への学びがあります。

何でもかんでも今すぐの行為はお節介にもなり、関わる人々や自分自身の問題解決には決してならない事を自覚する必要があります。

「性格のタイプ2」だけに具わっている能力を活かすためにも是非心がけなければいけません。

「性格のタイプ3」の心の働きの基軸

「自己評価」

タイプ3にとって大切な事は自分自身の能力をどのように活かしどのように認めて貰えるかです。つまり努力の成果を褒められ存在的価値が認められることを期待します。そのためには、自分自身の将来設計をしっかり立て目標を定め、そのために何をするのか、何が必要なのか。

地位名声か、学歴か、知識か、資格か等など、そのための様々な体験や経験を通じて一歩一歩目標に向かって努力する事の出来る能力を秘めています。しかしその方向性の能力は目的意識の中に存在している事から、将来設計が組み立てられていないとその能力は発揮されません。

またそれらとは違って、通常このタイプの目的意識の中には常に成功を意識している事から、失敗するかもしれないといった事に敏感に反応する直感力が具わっています。

失敗を恐れる背景に「自己評価」があります。つまり失敗したら褒《ほ》めて貰えないといった無意識の心の欲求に惑わされます。常に成功を意識する要因がここにあるという事です。

しかし他の人の批評はタイプ3にとって評価されていると理解できないため、批判されているとか説教されているといった間違った解釈をする場合があります。

特に「性格のタイプ３」は他のタイプにはない自分自身の存在的価値観を、他の人の評価に基づいて判断する傾向があります。大事なことは自分で自分の成果をどう評価するか、よく出来たかまだ不十分か、どちらにせよ自分で自分を褒めてあげる事が何よりの評価なのだという事を忘れてはいけません。またそれに向けて人一倍に努力する姿勢は誰にも真似できないパワーを秘めていると同時に、何時の間にかその努力の成果は周りの人々のモデルになり、社会に貢献する事に能力を活かすと同時に行動力は称賛に値します。もっと「自分に正直に」がテーマです。

「性格のタイプ３」の無意識の心の働き

「日常の主な心の働き」の特徴は

・常に忙しく行動している時が落ち着き、目標達成のために無駄なく効率的に行動します。
・また仕事をする上で必要な専門的な知識を備え、常に成功を意識して計画し行動します。
・一つの目標が決まれば、物事を成し遂げる時の行動は迅速《じんそく》に的確に判断し、成功しているイメージを大切にします。

・可能性がないと判断したら方針を素早く切り替えることをします。
・従って、自ら決めた事でも直感的に失敗の恐れがあると感じたら、躊躇《ちゅうちょ》せず考えを改め方向転換します。
・物事を成し遂げた努力の成果と実績を明らかにされることは自己評価のバロメーターになるので非常に好ましく思っています。
・チームワークを大切に目的達成に努力を惜しまずリーダー的存在になります。
・たとえ失敗しても受け入れず成功だけに共感します。従って、自分のしている事を批判されることを嫌います。
・何故《なぜ》なら、仕事に対する責任感が強く何事にも誇りを持って励んでいるからです。
・事に当たる時は具体的に納得するまで粘り強く、交渉事など説得力があり自信を持って接します。
・特に自己評価を重んじているため、初めての人と接する時は第一印象を大切にしています。
・自分の努力の成果を他の人から評価されることを好むと同時に、努力の成果が得られた時ほど自慢する傾向があります。無意識の心の働きとはいえ場合によっては周囲の人々からの評価は下がる恐れがありますので要注意です。

タイプ3の性格の特性が持つ直感力は、様々な性格のタイプの考えを判断し人物を評価するのにその能力が働いています。

その能力は警戒心を持って人と関わることを意識してではなく自分自身にとってのメリット、デメリットの判断基準としても活かされています。

「自己評価」の欲求は自分自身の能力の存在的価値観を評価するための指針という訳です。

「性格のタイプ4」の心の働きの基軸

「自己欲求」

タイプ4にとって大切なことは自分らしさを求め自分探しの人生を楽しむことです。そのため自分らしさとは何か、自分の個性を活かせることは何かといった、他の人とは異なる生き方や考え方の中に人生の生き甲斐を求めます。自分を励まし勇気づけてくれる心のモチベーションは「光」です。感情の世界にいるタイプ4はタイプ2の「自己愛欲」タイプ3の「自己評価」の他の人との関わりの中の自分の存在価値を求めているのではなく、タイプ4は自分自身の感情と向き合いますので人と接する時の意識は常に自分自身の気持ちに向けられています。そのため自分自身が光り輝ける場所や時間の中で楽しめることを期待します。「光」には様々な方向性と可能性がありその光に導かれ自分探しをします。その世界がどのような環境であっても輝ける自分の存在的価値を高める大切な場所だと感じるのです。つまり夢を追い求める人という訳です。通常は他の人々との会話を楽しんだり、その時間を有意義に過ごしたりと、人とのコミュニケーションが上手くみんなを楽しませることが好きです。それとは違って自分のことを知ってほしいとか分かってほしいといった自己欲求を満たす事を優先したい時は、周りの会話を聞いている時間はとても退屈に感じている事があります。また他の人の話の内容にはあまり興味を示さない場合は、人と関わる時を楽しんでいるだけかも知れないといった傾向も見られます。つまり、人生に自分自身の輝ける時間や場所を求めて、心の休まるオアシスを探しているのかも知れません。

「性格のタイプ4」の無意識の心の働き

「日常の主な心の働き」の特徴は

・個性的である自分は他の人とは違った美的センスがあり、身に付ける物は他の人と違って個性的で自分らしさを強調する物を好んで選びます。
・何かにチャレンジしている時が一番輝いている自分を自覚できます。
・ただやりたいことが沢山あり過ぎて何もできず後悔が多いのも確かです。
・また、飽きっぽいところがあり一つの事に集中するのが苦手なようです。
・何かをやり遂げると自分らしさはさらに輝きを見せるのですが、それが見つかるまで自分探しは終わらないようです。
・本音は出来るだけ悟られないようにしているせいか、思っている事を素直に伝えることをしません。そのために理解されにくいという事を認識する必要があります。

・勝手な思い込みから「どうせ私なんか」とつい考え込む傾向があり後悔することがよくあります。特に恋愛などではその傾向がみられます。

・人との関わりの中では、礼儀をわきまえて丁寧《ていねい》に接する事を心得ています。

・周りのことに気配りしながらコミュニケーションを取る事もします。

・感情の世界に属している特性として、人が感じない事でも人の気持ちを深く感じてしまいます。

・そのせいか、人の辛いことや悲しいこと苦しいことに触れると、つい自分のことのように心が沈んでしまい落ち込むことが時々あります。

・人の悩みがいつの間にか自分の悩みのように置き換わるのはそのせいかもしれません。

・また、その時その時で感情の起伏が激しい時もあり、ちょっとしたことでもオーバーに表現する癖があります。

・人との関わりを大切にしているのでうまく行かないと悲しくなり落ち込みます。

・常に自分らしさを意識しているため、平凡な生き方は出来る事ならしたくないと考えています。

・自分が我慢すればといった犠牲心も自分らしさの一面です。

・決して自慢せず謙虚な気持ちで人と接する事を大切にしています。

本気で自分の人生を発見し達成するためには、自分探しの人生の過程で一つのことに取り組む決心とそれをやり遂げる努力の先に求める「光」がある事を認識する必要があります。

自分自身の価値観は自分だけのもので終わらせてはいけません。

本来のタイプ４の「光」の意味は、人の心に愛の光を灯《とも》すことにあるのです。

人を支えるための能力として活かせて初めて自分らしさの価値があります。

他の人にはない独自の個性は人を支える能力として潜在しています。その能力は自分の感情にだけ意識を向けるのではなく、他の人々に役立てるものであることを強く自覚すると本物の自分が開花するでしょう。

・体裁ぶっている訳ではないのですが、それほどの人間ではないといった具合に自尊心が低く天狗《てんぐ》にならない謙虚《けんきょ》さを態度で示します。
・自分の感じている事を素直に伝えても理解されないといった思い込みがあります。そのせいか本音は悟られないようにします。
・自分らしさの魅力を人と異なる美的センスで表現するのが得意のようです。
・このようにタイプ4ならではの独自性や独創性は他の性格のタイプには見られない個性で、人と関わり輝ける自分らしさを求めて自分探しの人生を楽しみます。

「知識の心の世界」の性格のタイプ（5・6・7）

図10の三つの無意識の心の世界の中の「知識」の世界には性格のタイプ5・6・7が存在しています。当然これらは名前の文字の絶対条件から導かれた数であると同時に、性格形成の外的要素が内的要素に反映して性格が確定した性格のタイプを示します。

この知識の世界に属するタイプ5・6・7の大きな特徴は、自分自身がどうありたいかといった納得のいく考え方を踏まえて世の中と人々と関わります。また他の性格のタイプに対してはどうあるべきかといった持論に沿うか沿わないかで物事や人々を評価します。

勿論、持論はそのタイプ特有の意識の中で描かれる理想のこうあるべき世界なのですが、理想はある意味そうありたいことへの完璧性を伴っているため知識の世界に属するタイプにとっては決して間違いのない理屈なのです。他のタイプの世界に属している心の世界では全く予想も想像もしない、また出来ない「知識」の世界の理論は受け入れる事が困難なため理解に苦しむ事がしばしば起こります。それだけにこの世界に属する性格のタイプは他の性格のタイプと葛藤するこだわりの生き方や考え方を持ち合わせています。

当然、その性質は必然的に具わったタイプの特徴として潜在し、意識してもまったく意識できないものです。それぞれの性格のタイプは無意識の自己欲求や自己願望の心の変化にコントロールされ、現実の人間社会にその性質を投影しているという事です。勿論その性質は知識の世界だけの持つ能力であり魅力なのです。

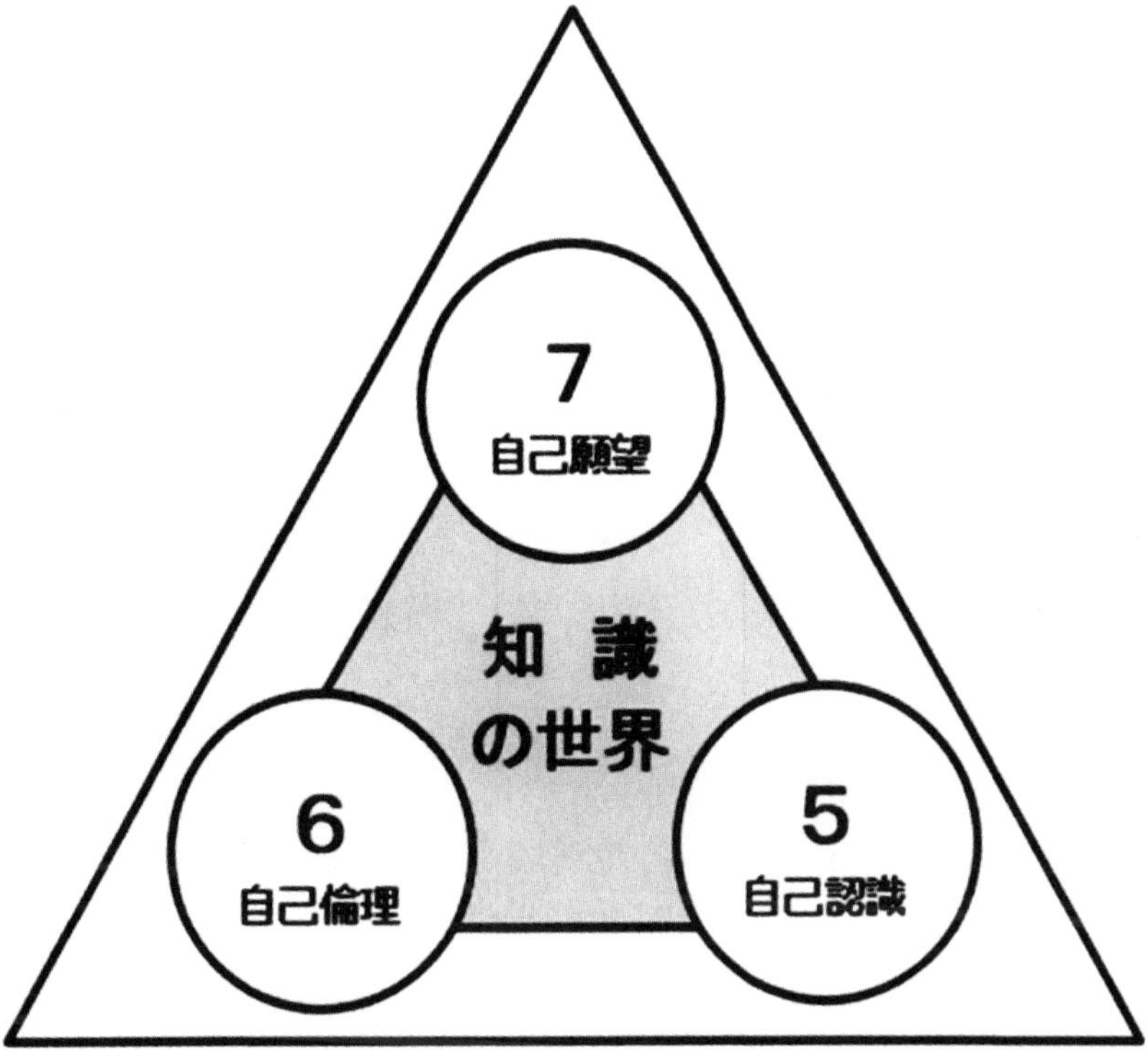

図 10　知識の世界

「性格のタイプ5」の心の働きの基軸

「自己認識」

タイプ5自身がもっとも信頼するのは自分自身です。そのためには、自分自身の立場や自尊心を守るための安全な距離をはかり人と関わります。自分の生活環境の中にずけずけと入ってこられるのをためらいます。物事や人物をしっかり観察し安心できるまでは警戒心を解かず分析します。そのための防衛策の一つに知識を身に付ける事によって、間違った認識で世の中や物事や人々と関わらないようにするために知識を重要視します。

分析力は物事を客観的に捉える事ができ常に冷静に判断し事に当たることができます。その能力を自分の安全のために活かそうとした場合は、物事や人々などの評価に用いる事があります。そのため安全かそうでないかといった認識で警戒心を持って事に当たります。警戒心のバリアが一旦解けると深い信頼関係が生まれますが、それまでの間は客観的に様子をうかがいながら信頼できることが分かるまで静観する傾向があります。

さらにタイプ5の知識力は、人々の不完全さを正しい方向へ導き、関わる人の将来性を気にかけ誠心誠意その人のために知識を活かす手段に用います。しかし、必然的に具わったタイプ5自身の能力の存在と価値観は意識しても認識できません。そのため能力を間違った方向（批評批判）の分析に用いる恐れがあることから注意を払う必要があります。

「性格のタイプ5」の無意識の心の働き

「日常の主な心の働き」の特徴は
・冷静沈着を装う事から自分の感情は出来るだけ表に出さないようにしています。
・人と話をする時は物静かにしっかり相手の話に耳を傾けています。
・予測しない質問や意見を求められた時すぐ対応することができません。特に初対面の方は苦手のようです。
・要するに物事や人に関わる時しっかり観察し、ある程度の認識を持ってからでないと不安なのです。
・特に人が大勢集まるところや行列は出来るだけ避けたがります。
・物事を客観的に見て分析します。また、自分のための知識を深める情報収集を怠りません。
・自分の趣味の話や意味のある会話は好むけど雑談が苦手で会話を避ける傾向があります。コミュニケーションが上手く取れない要因の一つになる事も認識する必要があります。

・自分自身の意見や指示は極力抑え人の意見を優先し問題に対処しようとします。
・日常の出来事を振り返る一人の時間を大切にしています。一番リラックスできる時がこの時です。一人の時間の中で一日の反省や楽しかった事を思い出して楽しんでいます。
・また物事に携わる時や人と関わる時の段取りや関わり方をシミュレーションする時間も一人の時間を有意義に活用し、行動する前によく考えて事に当たります。
・一日の生活のリズムは、時間をバロメーターにしていますので、物事の段取りから進み具合など時間を意識してしっかり管理し常に時間を気にします。
・初対面の人と親しく話したり親近感を持って接したりすることは滅多にありません。
・結構慎重で状況が把握できるまでは行動に移すのをためらいます。
・問題の解決は極力自分のやり方でないと安心しません。しかし、自分自身の考えを人に強要する事はしません。

タイプ5の情報収集力は自らの知識を高める事に注がれています。

そこで得た知識は自分自身のために役立てる事が目的です。

知識を自慢しひけらかすようなことはしません。

他の人に意味なく提供する事はしません。

もっとも尋ねられた場合は持っている知識で惜しみなくそれに応えようとします。

経済面ではしっかり考えているため贅沢《ぜいたく》はできるだけせず価値あるものにお金を掛けます。

プライドを結構意識しているわりには滑稽《こっけい》な事を言ったりして人を笑わせ驚かせます。

「性格のタイプ6」の心の基軸

「自己倫理」

タイプ6が最も重要視するのは自分自身の生き方や考え方に忠実であることです。そのためには内面的な意識の働きはこうあるべきといった規範に周囲の人々や物事がそれに準じているか、その判断基準を他の人々にも期待します。つまり自分自身の価値観は倫理的な認識を持って世の中と人々と関わっているため常に正当性を求めます。従って、自己倫理の価値観を理解して貰うために必要不可欠な人間関係の信頼関係を築き、物事を成し遂げる責任感や様々な状況下での適切な判断や観察は怠らないように慎重に行動します。また、事前に問題発生要因を考慮し出来るだけ心の不安を取り除いて事に当たります。

全ての判断基準は自己倫理に基づく事から他の人の意見や助言はあくまでも参考意見に留まり、指示通りに従うことはしません。その理由は、自分自身の判断に基づくものでないと不安が解消できないためです。また自分自身の納得いく様々な不安要素を考慮した上で行動することが重要なのです。自分自身の倫理観で他の人にも厳しく要求し正しくあるべきことを期待します。

自分の勝手な思い込みから来る不安を出来るだけ解消したい無意識の心の欲求は、他の人へも向けられている事を認識する事が重要なのですが、果たして受け入れる事ができるでしょうか。

「性格のタイプ6」の無意識の心の働き

「日常の主な心の働き」の特徴は

・信頼関係を大切にし、人の心の不安を支え励ますことを心がけ面倒見がいいです。
・特に上司や権威者には常に信頼関係を持って接する事を心がけます。
・常に不安要素を予測し慎重に事にあたると同時に、初対面の人や初めて取り組むことには不安がよぎるため結構用心深いところがあります。
・自分の進むべき目的や目標を決めて行動できると安心します。
・目標が定まればそのための努力を惜しまず、結果を導くための資格や技術を習得します。
・真剣に人や物事に関わり過ぎてしまう傾向があり、自分の事以上に関わる人のことが気になり心配性なところがあります。
・日常的に問題はないか間違っていないか思い込みから来る不安に駆られています。

・人との関わりでは、あまり冗談は言わないけれど結構ユニークなところがあります。
・決められた事はキチンと守るけど押し付けはあまり好まないようです。
・親密な関係になるほど心配性で意に沿わない事には厳しい評価をして正そうとします。
・物事を進める時の決断は相手の都合も考慮して決定します。
・自分自身の問題よりも他の人の問題を気にする傾向があります。人と関わることで自分自身の不安を解消しようとします。
・横柄《おうへい》でうぬぼれが強く傲慢《ごうまん》な人は特に警戒します。
・相手の意図を察知し利用されないように用心深く観察する事も怠りません。
・物事を進める時は慎重に計画をしっかり立て取り組みます。
・自分自身の過去を振り返った時、今になって悔いが残る場合は、その時の決断力や判断力に原因があると認識する必要があります。
・そこにタイプ6の無意識の心の中の不安から来る落とし穴があります。

タイプ6の生き方や考え方には必ず不安が伴っている事が認識できます。

ただしこの性質は必ずしも一概に結果を悪い方向へ導くものではありません。

適切な判断に基づいていると確信して行動するため遅かれ早かれいい結果が得られます。

また違った意味では、より慎重さが信頼度を高くする要素になる場合もあります。

タイプ6の「自己倫理」はあくまでも自分自身に向けられている理屈であり、他の人に向けることで自己満足を得る能力ではない事を認識する必要があります。関わる人間社会の仕組みや環境をしっかり観察し、自分をはじめ他の人の性格のタイプの生き方や考え方を受け入れる事ができるとそこに尊重関係が生まれます。

その能力はタイプ6の正当性を主張する理想的な論として認められ評価されます。

「性格のタイプ7」の心の基軸

「自己願望」

「自己願望」の欲求はその都度の自己満足を得るためではなく、何かを成し遂げるための目的意識を持ってこそ成し遂げられるものです。またそうでなければ存在的価値観はありません。そのための日々の活動の中の様々な体験や経験はその目的達成のための通過点であり、その目的達成のために必要な技術や資格など、また仕事や人との関わりの中で得られる学びはすべてに意味があります。

従って、目的達成までの過程の出来事や結果はたとえ未完全であっても失敗とは認めないのは、まだ目的を達成していないという理由から、あくまでも途中経過であるため失敗だとは認識していません。そのためかどうかは分かりませんが、タイプ7の人生の辞書には「失敗」という観念はありません。他の人には想像出来ない独特の思考を持っています。また、様々な体験経験から得る学びの対象は特定されていませんが、あらゆることに適応性があり能力を活かします。その結果、様々な分野に精通し評価されます。

問題はその適応能力がタイプ7の人生を惑わす要因になっている事に気づく必要があります。

何でもこなせることは自己都合で楽しんでいるだけかも知れません。様々な体験経験をする中で、それぞれの環境の立場の人々にとってタイプ7の価値観や評価は非常に高く求められる存在です。

本来、タイプ7の目指す「自己願望」は、使命感を持って世の中と人々にその能力を活かせる一貫性のものが発見出来ると、使命感を果たす能力が開花します。これがタイプ7の人生の気づきの世界です。

「性格のタイプ7」の無意識の心の働き

「日常の主な心の働き」の特徴は

・人間性そのものが正直者で初対面の人でも疑ったり詮索したりしません。初対面の人に限らず警戒心を抱く事はありません。
・物事は悪い方向は考えずいい方向だけを想像します。プラス志向で物事を評価します。
・会話を楽しみ雰囲気を楽しみ暗い話は出来るだけ避けます。
・その場を盛り上げ楽しむことをします。
・人も明るい気持ちになってもらえるように場を盛り上げます。

タイプ7特有の性格は他のタイプの意識の中には全く存在していません。その独自の能力を自分自身の欲望を満たすだけのために用いないように意識して行動する事が大切です。物事を成し遂げるためには忍耐強く一つのことをやり遂げて初めて「自己願望」は達成できます。それを期待して日々努力をして欲しいものです。

全てのタイプ7がその能力を具えている訳ですが、その事に気が付くかどうかが問題です。気が付かなければ自分の存在的価値観や使命感は活かされず役割を果たすための能力は開花しません。平凡な人生を送る事になるでしょう。それでも自分の人生に価値がなく生き甲斐がなく楽しくないといったことはありません。ただ「情熱が湧かない」だけかも知れませんね。

・人生の明るい方向を見て暗い方向は考えません。自分に大きな期待を寄せています。
・悲しいことや辛いことは何時までも引きずらないように、現実の暗い部分は無視し達成感の気持ちに置き換え、常に現実より将来に期待を寄せて情熱を失わないようにします。
・自分の気持ちが大事で人がどう思うかはそれほど気にしません。自分がどうありたいかが大切ですので、まず自分自身の評価を優先します。
・想像の世界に思いを寄せ「こうありたい」と願っています。
・そのため、現実の失敗は失敗ではなく成功のための通過点として捉えます。
・人を勇気づけたり励ましたり明るく元気に人と関わります。
・自分自身の役割と使命感の価値観を残せる人生でありたいと願っています。
・一つのことに拘わらず多くのことに携わる事に関心があります。
・忍耐と努力が伴う事からは出来るだけ避けて通りたいという、現実逃避の自分を認識する必要があります。

第三部　人間模様

第一章　無意識の心の働き

通常、私たちは、自分自身の性格を認識して世の中と人々と関わっている訳ではありません。また性格そのものを意識している訳でもありません。一般的に性格は特別なものではないのが当たり前であって、そもそも人間社会にそれぞれの性格が関わり合っている事すら理解されていません。しかも、世界的に見ても歴史上の専門的権威や著名な人物の背景からも、人間に具《そな》わっている無意識の性格の存在は発見されていません。そのため、今日に至り性格形成の謎の解明に関わっておられる方々をはじめ一般の人々は、自分自身の持ち合わせている性格で世の中の仕組みと関わり物事や人々を操作しているという現実の人間模様が、無意識の人間環境の中で翻弄《ほんろう》されている姿があります。

時代は変わって、戦国時代の武将をはじめ幕末の志士から今日の政治を動かす方々まで、その時代時代の人間社会では誰も認識する事のないそれぞれの性格のタイプの心の働きで世の中を動かしている事が、それぞれの名前（本名）からうかがえます。その実態は世界の人々に共通し人間が物事に人々に関わる環境すべてにおいて、その無意識の心の働きは自分自身をコントロールし、自己欲求や自己願望を抱きその目的達成に期待を寄せ、世の中や組織のためとそれぞれの性格の個性が機能しています。

例えば、一四五～六ページで示しますように、日本の歴代の総理大臣の経歴から見てお分かりのように、総理大臣が変わる時代背景を性格のタイプで評価した場合、名前に起因して具わった性格のタイプの個性で政治を動かし人々と関わりながら、その時代を反映した、またその時の成果に伴って次は「こうあるべきだ」や「こうするべきだ」といった次の総理大臣へと期待を寄せ入れ替わっている様子がうかがえます。また、戦国時代の政治を動かす武将の考え方や行動や政治の進め方や人物評価などは、それぞれの武将の性格の個性が反映し影響を及ぼしていると推察します。

人が人を管理する人間社会の問題点は、人それぞれの名前に起因して具わる性格の「こだわり」の生き方や考え方が認識できないところにあります。

その「こだわり」の生き方や考え方は無意識の心の欲求に応じて性格が現れ、私たちをコントロールしています。

それによって、世の中のすべての人間関係に反映し自分自身を突き動かしているのが無意識の心の働きによるものであるという事です。

人と人との関わる環境の中の人間関係の問題発生要因の解明や問題を改善する唯一の方法は、無意識の心の働きの認識しかありません。

生活環境の中の「これが現実」

私たちを取り巻く日常の生活環境の中の喜怒哀楽《きどあいらく》の出来事は、人間の感情と自己欲求や自己願望に駆られた欲望の世界である人間社会だけに起こる現象です。ごく自然に当たり前のように無意識の心の働きは人間関係に大きな影響を与えています。そこに現れる現象は、地位や立場、経験や年齢、男女に区別なく、また政治家であっても大学の教授や博士、哲学者、心理学者、医者、経営者、サラリーマン、学校の先生や保育園の先生等などであっても、すべての人々に共通しています。それは、人それぞれに必然的に名前に起因して具わっている性格の無意識の心の働きで世の中（人、物、金）と自分自身のあるべき人生と関わっているということです。

例えば職場の上司、部下、同僚間の人間関係とコミュニケーションの取り方など、また家族間ではそれぞれの立場の主張による夫婦関係から親子関係、さらに子供の育て方の違いや子供の自主性を無視した大人の都合など、さらに子供は子供で家庭環境と学校生活との両面で、それぞれが持ち合わせている性格で関わり合っています。しかし現実の人間社会では人々はその性格の存在を知りません。そのため自分自身が他の人々がどのような気持ちや考えで何を根拠にしているのか、また物事の捉え方や判断は何を基準にしているのかまったく理解できないのが現実の人間社会なのではないでしょうか。

人それぞれの無意識の心の働きは人間社会の様々な環境の関わりの中に反映し影響を及ぼしている事が認識できます。また、それに影響されてか心のトラブルを招きストレス過剰《かじょう》に耐えきれず感情的な行動に走り、現実の「自己欲求が満たされない」「自分の事が分かって貰えない」等などの思い込みから来る心の悩みが解消されず、現実逃避的な行為や行動にまで発展しています。さらに、別の理由で精神的な心の病に陥り葛藤する方々もいます。

それらの問題発生要因には人々に必然的に具わっている性格の無意識の心の働きが大きく関連している事が長い歴史を経て今日やっと判明しました。本書が示す名前の文字に反映して導かれる数値に伴って具わる性格の無意識の心の働きがはっきり確認できます。これによって問題発生の要因が判明し心の改善や諸問題の解決が期待されます。

「こだわり」の個性の弊害

性格にはそれぞれのタイプの持つ自分らしさを象徴する個性があり、その個性をもって人と関わっている事はすでにご承知の通りです。しかしその個性のもつあり方は、決して他の人の意思を考慮して働いているのではありません。「こうありたい」や「どうあるべきか」、また「こうあるべきだ」といった自己の都合のいい方向に物事や人々を導こうとする、つまり自分の納得のいく評価を尊重する能力（個性）が無意識の意識の中にあって、現実に向き合う時の自分らしさを主張する能力として働いているのです。従って、物事の進め方や考え方で結果を求める場合の「こだわり」の個性は自分の意思に忠実であることが望ましいのです。

あくまでもそれぞれの持ち合わせている性格が有する持論の正当性を主張し、そこを基準に物事や他の人の考えや行動を評価します。自分の意思が最も正しいと考え納得のいく答えを導く自分の「こだわり」が一番安心できるという訳です。この固執した意思が余りにも度が過ぎると、その個性はやがて欠点に発展し他の人からの厳しい評価の要因にもなり兼ねません。

つまり、自分自身のこだわりの意思を中心に周りの人々との比較の中で正当化させようとする個性が働くと、求める自己主張の意思は理解されず受け入れて貰えない事になります。と同時にお互いに理解し合う事ができなくなります。

「こだわり」の個性の弊害《へいがい》は、複雑な人間関係の誤解や勘違いなどが生じる要因になっています。この背景に、当たり前のように機能している意識の中にない無意識のこだわりの生き方や考え方があります。これらの弊害をなくすための解決策はただ一つしかありません。

名前の絶対条件で具わった、無意識の中で働いている性格の存在をまず認識し、具わった性格の個性を認識する事ができると、人それぞれの生き方や考え方が理解できそこに尊重関係が生まれます。それぞれの個性が自分自身の正当性を主張し評価する能力に固執していることが理解できます。

つまり、自己評価欲は自分自身の「こうありたい」感情を満たすだけのものであるという、他の人の能力評価として自分自身の正当性と比較する能力ではないという事です。

「職場環境」の人間関係

職場環境はそれぞれの性格の個性が絡《から》み合う条件が揃っています。当然と言えば当然のことですが、その当たり前の環境では常に、人と人との関わりの中で意見の相違や仕事の進め方や考え方の違いなど、自分と他の人を比較しあたかも自分の考えが正しいかのように他の人を批評し、仕事の出来不出来を批判している方を周りに見かけませんか？　もしかしたらあなたかもしれませんね。

このように、個人に具わっている性格の個性で他の人との違いを評価し合う人間関係が大きな課題なのです。職場では日常茶飯事《さはんじ》にそれが当たり前かのように繰り広げられています。どの企業においても社内の人間関係では、特に上司と部下の地位や立場の違いから、さらに経験や実績などを踏まえ、その立場にある人の基準で物事や人物が評価されます。また、仕事の進め方や考え方はそれぞれの立場や地位に関係なく持ち合わせている性格のタイプによってはっきり異なることから、結果を導く方法や手段や考え方には個人差が表れます。それぞれが納得いく人間関係を築くためには、お互いの性格の個性を認識し尊重しあう関係をいかにして築けるかが重要なのです。

職場環境の上司、部下、同僚間では次のような心のすれ違いや勘違い等で、人間関係が上手くいかずに心のトラブルやストレスで悩んでおられる方々の実態の一部をご紹介します。

・上司と上手くコミュニケーションが取れない！
・自分の考えを理解して貰えない！
・上司、部下、同僚の考えが理解できない！
・仕事の進め方や考え方が納得いかない！
・仕事を押し付けられて困る！
・自分の考えを聞いて貰えない！
・成果を評価して貰えない！
・上司と意見が合わない！
・相談したくても頼れない！
・責任逃れをする！
・無意味に関わろうとしてくる！

このように、自己主張を満たす人間模様が無意識の世界で繰り広げられています。名前に伴って具わった性格で人々は無意識の中で関わっている訳ですが、それぞれの性格から現れる自己欲求や願望は、当然自分自身の納得のいく主張を満たす重要な課題となっているといえましょう。

しかしそこで改めて認識しなければならない事は、主張する側とされる側双方の性格のタイプが無意識の心の世界のどこに属しているかによって関わり方には特徴が有ります。また欲求の目的や内容も異なっています。例えば、コミュニケーション一つとっても、上司部下の性格のタイプの関係次第ではまったく問題が起こらない場合もあります。

人と関わることへの違和感を抱かないタイプもあり、特に意識して接する事をしないタイプもいます。人と接するのが苦手なタイプもいます。さらに人や物事の在り方よりも自分自身がどうありたいかを重要視する性格のタイプもいます。

職場環境の中の人間関係で招く様々な心のトラブルやストレスの背景には、それぞれの名前に起因した性格の「こうありたい」や「こうあるべき」といった無意識の心の欲求があり、その欲求に突き動かされて人々と仕事と関わっているという現実が無意識の世界で繰り広げられているのです。

「その結果」

・仕事に自分に自信が持てない！

・職種が合わないのかも知れない！

・人間関係が上手くいかないので転職したい！

・仕事がマンネリで面白くない！
・将来が不安になる！
・自分の思う通りにならない！
・やる気が起こらない！
・どうせ私なんか重要視されていない！
・会社のやり方や人の用い方が納得いかない！
・特定の人と一緒に仕事をしたくない！
・自分を活かせない！

などといった思い込みや誤解などによる感情を抑えきれず、新たな方向へと転換することで問題を回避しようとする方々を見うけます。しかし職場環境は人と人との関わりから成り立っている以上、どこに勤めようと同様の問題が繰り広げられています。

そこで最も重要な事は、問題から逃げないという事です。そのためには、どのようにしたら問題解決が図れるのかという事です。その一つのヒントが、そもそも問題発生要因は人それぞれに具わっている性格にある訳ですが、基本的には全ての要因は自分自身に具わっている性格の在り方にあるという事を認識するところにあります。

それによって、それぞれの性格の存在を知りそれぞれのタイプの個性を尊重し合える環境が整うと、これまで関わっていた人間関係の諸問題が嘘のように改善され、これまでにない意思の疎通が図れ、それぞれの個性で仕事がこなせるようになります。

コミュニケーションで悩むことはなくなります。また同時に言いたい事を言える環境になり、ますます仕事に生きがいとやる気が出てきます。さらに、充実した職場環境の中で自分自身に具わった性格の能力が十分発揮できるため、仕事への責任感はもとより使命感で存在的価値を高める事ができます。その結果、組織や企業の発展に貢献する事ができるようになります。

「夫婦」の人間関係

人間は、自分自身の求める納得のいく結果に満足するかしないかの単純な理由で物事と人と関わっています。しかし、その環境が夫婦生活ではそう簡単にいきません。また、そんな単純なものでもありません。

交際期間中は「愛されたい」「嫌われたくない」「トラぶりたくない」等といった理由から、ついつい相手の意見や考えに同調する事が多く、自分の意思をはっきり伝える事を極力避け、二人の関係に支障をきたさない妥協の関係がいい関係を保つ秘訣だったのですが、いざ結婚したら独身社会から脱皮し、家族社会を築く役割と使命を担う立場で結婚生活に対する意識の改善が必要になります。その第一歩が家庭内でのそれぞれの役割を分担し、二人のルールを作りお互いに助け合いましょうといった約束事をします。でも、いつの間にか行動や時間を制限する関係に至ってしまって、「こんなはずではなかった」といった夫婦間の心のすれ違いに陥ってしまって、心のトラブルでストレス状態になる事があります。

交際中では考えられない性格の個性がはっきり表れ、それぞれの立場の主張や責任分担に不平不満が出たり、責任転嫁《てんか》やルールを守らなかったり役割の放棄など、ここでも人と人との自己欲求の主張の戦いは起こっています。
例えば、二人の間に次のような「心のすれ違い」が生じていませんか。
・結婚して彼（彼女）が変わった！
・性格が全く合わなくなった！
・自己主張が強く夫婦げんかが絶えない！
・家庭の事に無関心で手伝わない！
・自分勝手で人の話を聞かない！
・何か言っても無視して頼んでもしてくれない！
・お金の使い方が激しい！
・居場所がなくなった！
・生活にメリハリがなくなった！
・自分を分かって貰えない！
・夫婦の会話が少なくなった！
・二人の考え方にすれ違いが出てきた！
・一緒に行動する事が少なくなった！
・別々の部屋で寝るようになった！

・人任せで無責任になった！
・賭《か》け事や贅沢品にお金をかけ過ぎる！
・仕事への不満から八つ当たりする！
・将来の夫婦生活に不安を感じる！

このような夫婦関係は日常頻繁に起こっています。新婚早々実感する事や夫婦生活の過程で必ず経験される一場面です。この状態は、夫の、妻の、それぞれの立場の違いや自己主張から招く心のトラブルの要因になっています。

このような夫婦関係に至る要因には当然それぞれに具わっている性格の生き方や考え方の個性が大きく反映している訳ですが、結婚生活を初めて体験する二人にとって、また経験豊かでも、夫婦生活は共同作業ですので、大切な事は一つ一つ丁寧に、問題に対するそれぞれの考えをはっきり伝え合う努力が必要です。主張は口論に発展し抑圧的な言葉や態度は相手に妥協を迫る行為になります。

重要なのは議論です。議論によって、一つ一つの問題に対するそれぞれの考え方を伝え合う環境が作れます。それによってお互いの意思が確認でき二人にとって納得のいく最良の答えを導く事ができます。それによって、「こんなはずではなかった」といった疑問が解け、夫婦関係の絆が強くなると同時に尊重関係が生まれ協力し合う関係が築けます。

「親子」の人間関係

子どもは成長と共に自立の意思が芽生えてきます。行動にも考え方にも知的興味も旺盛になり、自己主張も自分らしさが表れてきます。また子供は子供なりの自分自身の立場やあり方の主張を持って一人の存在として両親と他の人と対峙します。

親は親の歩んできた人生観で子供を評価し、社会経験や専門的知識や人間関係で得た様々な体験や経験を基に、親の期待に沿う生き方や考え方を教え導きます。また、親の都合を押し付けたりもします。これが俗に言う「しつけ」という事なのでしょうか。親として子供の将来に期待を寄せるのは当たり前の事ですが、だからと言ってそこでは子供の気持ちや考えを理解した上で子供と接している訳ではありません。あくまでも親の意向で子供を教育している事に気づかない親をしばしば見うけます。

子どもの意思が尊重されないとなれば、当然、子供は自分の意見や考えは無視されてしまいます。そうなれば子供は反抗という態度で自己主張します。このような態度をとる子供に対して、親は必ずこう言います、「ウチの子、いま反抗期だから」と。すべての親は口を揃えて同じことを言います。とんでもない勘違いを親はしています。確かにそのような時、子供は反抗しています。しかし、その反抗の意味を親は理解していないため、子供の言葉や態度を間違った判断で捉えてしまいます。親の意向を無理やり子供に押し付けていませんか。また家庭の事情や夫婦の事情なども考慮する必要もありますが、親は、親の立場の主張を子供は受け入れないから「親に反抗している」と判断し、子供は、子供の立場の主張を親は分かってくれないから「親に反抗する」という態度を取ります。これが一般的な「親子」の人間関係の現実なのです。

実は、子供の反抗にはちゃんとした理由がある事を理解していただく必要があります。自分が何を考えているのか、何をしようとしているのか、またしたいのか、今この時の年齢で判断し考えている事を自分以外の人(両親に学校の先生に友達に)に理解して貰いたい、その思いをぶつけたい心境と自己主張のエネルギーの発散は、自立のための自己成長過程であると理解する必要があります。

しかし、子供は思うように自分の意思が伝わらない上に尊重されなかったりすると、その反発で反抗という態度で示さざるを得ません。

親の目線から判断すると、その行為は、親に向かってとか、この子は親の言う事を聞かない等といった、子供の気持ちとは裏腹に一方的に親の目線で決めつけてしまいがちです。

確かに親の体験経験の質と量は子供の未体験未経験と比べようもありません。あくまでも参考意見としては尊重すべきです。

親自身のその時代のその時の必要に駆られた人生の学びから得た体験や経験は親自身にとって貴重なものです。子供の人生にとって必要な未体験や未経験から学ぶ人生路線は自らの判断や考え方によって自分自身を導くことに価値があります。その過程では良い事も悪い事も学びの一つであり人間関係の中の様々な失敗の中から自分自身の人生路線が定まっていきます。

中には親の意向に沿った人生路線を進む子供もいます。それはそれで一つの生き方として判断し決断による人生の在り方ですので評価すべき事です。大切な事は、親自身の抱く子供の将来への不安を解消することとは別に親の愛情として受け止める事もできます。しかし子供の意思にはどのように将来を見つめているのか、何をしたいのか、何をめざしているのか、いずれにしても子供なりの目標が定まるまでの親のサポートは大変重要と考えます。

そのための親子の信頼関係や尊重関係をしっかり築くための会話の時間を、積極的に作ってほしいと願っています。勿論、親目線ではなく子供の立場に立って。

(親の課題は)

・子供の自主性を尊重し、子供の自立をサポートする事。

・親の使命は、親を尊重させるのではなく子供を尊重することを意識する事。

・親の都合で子供を育てるのではなく、子供の必要に応えられる子育ての仕方を学ぶ事。
・子供の主張に耳を傾け意思の疎通を図る事。
・子供にとってのよき理解者である事。
・本来「しつけ」とは礼儀作法を身につけさせる事ですので、履《は》き違えない事。
・関わる事と干渉する事の違いを理解する事。
・子供の世界に無理矢理に入らない事。
・必要とされない内は必要とされるまで関わらない事。
・未経験から一つを学び成長の度に多くの事を経験して子供から大人になって行くと認識する事。
・親の体験から得た教えは子供にとっては未経験の学びだから理解できないと認識する事。
・親の人生観はあくまでも親のためのものであって、子供は自分の人生観で生きていると認識する事。

「子育て」の人間関係

大人であれ子供であれ、また男女に関係なくそれぞれに具わった性格で人と関わっているという事は前述した通りです。当然親子関係はその性格で関わっている訳です。ただ残念な事に、その性格の存在自体を親も子供も知りません。そのため、日常の生活環境の中では当たり前のように親の意思が優先され子供は親の意向に応じます。これが一般的な親子の関わり方のスタイルです。一見何も問題はないように思われます。勿論、間違っているという事ではないのです。子供にとって親は絶対的権威であり、従うべき環境に置かれています。

しかし、子供にとって成長とは何かを考えた時、両親が思い描く子供の将来を自分たちで導いていかなければ、子供では自分の将来を判断出来ないと考え、親の意向でまた都合で導いている事はありませんか。そのような環境に置かれた子供の意思は尊重されず、ただ決められた大人社会(両親)のルールの中で我慢して従っている状況に至っているとすれば、子供の自主性は損なわれていると考えられませんか。

子供の将来は未知数です。だからこそ、親が誘導する事も一つの方法です。また、子供の将来を思い描き期待を寄せる気持ちも理解できますが、その通りにならないのが世の常です。

親の意向を押し付けても子供自身の意思は別の所にあるかも知れません。

子供が何を求めているのか、また何に興味を持っているのか、将来何になりたいかという前に、今、子供が求めている事をしっかり把握《はあく》し、親として何ができるか、協力できることは何かといった、子供の立場に立って子育てをする事が大切と考えます。つまり親も子供も気づきの世界から将来が見えてくるのではないでしょうか。

子供にとっての学びは、好きな事から始まりやがて経験を重ね専門的な知識を身につけ自分の人生の形が出来上がります。さらに経験を積み重ねた結果、プロ意識が芽生える事も期待できるのではないでしょうか。

子供に限らずそれぞれに具わっている性格の個性で人と関わる事から、性格によっては向き不向きといった事もあります。従って、どのような職種に向いているかといった事も考慮しなければいけません。

社会環境の中で多くの人々と関わる人間社会では、学校では学ぶことのできない複雑な人間関係に翻弄《ほんろう》される事が多々あります。大切な事は人に翻弄されないことです。自分の意思で「何をどうしたいのか」が決断できる人間になることが望ましいのです。

第四部　附　録

「内閣官僚」の心の世界

第三次安倍改造内閣官僚の心の世界の分類表です。
安倍内閣総理大臣を取り巻く主力官僚の方々の心の世界と
それぞれの性格のタイプを示します。
タイプは1から9のタイプに分類されます。
それぞれの個性で行政に携わっておられます。
基本的な生き方や考え方のそれぞれの性格の個性が政治にも反映しています。

第３次安倍改造内閣官僚の心の世界分類表

平成27年1月現在

職　名	本　名	50　音	性格のタイプ	心の世界
内閣総理大臣	安倍　晋三	あべ　しんぞう	1	意志
副総理	麻生　太郎	あそう　たろう	6	知識
総務大臣	高市　早苗	たかいち　さなえ	2	感情
法務大臣	川上　陽子	かわかみ　ようこ	8	意志
外務大臣	岸田　文雄	きしだ　ふみお	6	知識
文部科学大臣	下村　博文	しもむら　はくぶん	2	感情
厚生労働大臣	塩崎　恭久	しおざき　やすひさ	6	知識
農林水産大臣	西川　公也	にしかわ　こうや	2	感情
経済産業大臣	宮沢　洋一	みやざわ　よういち	6	知識
国土交通大臣	太田　昭宏	おおた　あきひろ	2	感情
環境大臣	望月　義夫	もちづき　よしお	8	意志
防衛大臣	中谷　元	なかたに　げん	7	知識
内閣官房長官	菅　義偉	すが　よしひで	5	知識
復興大臣	竹下　亘	たけした　わたる	9	意志
国家公安委員会委員長	山谷えり子	やまたに　えりこ	3	感情
内閣府特命担当大臣	山口　俊一	やまぐち　しゅんいち	2	感情
女性活躍担当	有村　治子	ありむら　はるこ	9	意志
経済再生担当	甘利　明	あまり　あきら	8	意志
地方創生担当	石破　茂	いしば　しげる	8	意志
内閣官房副長官	加藤　勝信	かとう　かつのぶ	8	意志
内閣官房副長官	世耕　弘成	せこう　ひろしげ	9	意志
内閣官房副長官	杉田　和博	すぎた　かずひろ	4	感情
内閣法制局長官	横畠　祐介	よこばた　ゆうすけ	5	知識
内閣総理大臣補佐官	衛藤　晟一	えとう　せいいち	3	感情
内閣総理大臣補佐官	和泉　洋人	いずみ　ひろと	7	知識
内閣総理大臣補佐官	長谷川榮一	はせがわ　えいいち	9	意志

「総理大臣」の心の世界の系図

日本の歴代の総理大臣から今日に至る総理大臣の系図です。

総理大臣の歴史を振り返る事ができます。

その時々の日本国をけん引するリーダーの皆様の性格の歴史を認識する事ができます。

性格のタイプの評価から、この時はこうだったから次はこうありたいといった傾向もうかがえます。

それぞれの性格のタイプの個性で政治は行われている事が認識できます。

総理大臣の心の世界の系図

平成27年1月現在

No.	本　名	50　音	性格のタイプ	心の世界
明　治（1885年12月22日～1891年5月6日）				
1	伊藤　博文	いとう　ひろぶみ	9	意志
2	黒田　清隆	くろだ　きよたか	8	意志
3	三條　実美	さんじょう　さねとみ	6	知識
4	山縣　有朋	やまがた　ありとも	6	知識
大日本帝国憲法下（1891年5月6日～1912年12月21日）				
5	松方　正義	まつかた　まさよし	7	知識
6	伊藤　博文	いとう　ひろぶみ	9	意志
7	黒田　清隆	くろだ　きよたか	8	意志
8	松方　正義	まつかた　まさよし	7	知識
9	伊藤　博文	いとう　ひろぶみ	9	意志
10	大隈　重信	おおくま　しげのぶ	5	知識
11	山縣　有朋	やまがた　ありとも	6	知識
12	伊藤　博文	いとう　ひろぶみ	9	意志
13	西園寺公望	さいおんじ　きんもち	9	意志
14	桂　太郎	かつら　たろう	5	知識
15	西園寺公望	さいおんじ　きんもち	9	意志
16	桂　太郎	かつら　たろう	5	知識
17	西園寺公望	さいおんじ　きんもち	9	意志
大　正（1912年12月21日～1927年4月20日）				
18	桂　太郎	かつら　たろう	5	知識
19	山本権兵衛	やまもと　ごんべえ	9	意志
20	大隈　重信	おおくま　しげのぶ	5	知識
21	寺内　正毅	てらうち　まさたけ	3	感情
22	原　敬	はら　たかし	4	感情
23	内田　康哉	うちだ　こうさい	4	感情
24	高橋　是清	たかはし　これきよ	4	感情
25	加藤友三郎	かとう　ともざぶろう	1	意志
26	内田　康哉	うちだ　こうさい	4	感情

27	山本権兵衛	やまもと ごんべえ	9	意志
28	清浦 奎吾	きようら けいご	6	知識
29	加藤 高明	かとう たかあき	7	知識
30	若槻禮次郎	わかつき れいじろう	2	感情
31	若槻禮次郎	わかつき れいじろう	2	感情
昭和（1927年4月20日～1989年6月3日）				
32	田中 義一	たなか ぎいち	3	感情
33	濱口 雄幸	はまぐち おさち	2	感情
34	若槻禮次郎	わかつき れいじろう	2	感情
35	犬養 毅	いぬかい つよし	8	意志
36	高橋 是清	たかはし これきよ	4	感情
37	齋藤 実	さいとう まこと	9	意志
38	岡田 啓介	おかだ けいすけ	4	感情
39	廣田 弘毅	ひろた こうき	3	感情
40	林 銑十郎	はやし せんじゅうろう	9	意志
41	近衛 文麿	このえ ふみまろ	3	感情
42	平沼騏一郎	ひらぬま きいちろう	3	感情
43	阿部 信行	あべ のぶゆき	3	感情
44	米内 光政	よない みつまさ	2	感情
45	近衛 文麿	このえ ふみまろ	3	感情
46	東条 英機	とうじょう ひでき	3	感情
47	小磯 國昭	こいそ くにあき	7	知識
48	鈴木貫太郎	すずき かんたろう	2	感情
49	東久邇宮稔彦王	ひがしくにのみやなるひこおう	2	感情
50	幣原 喜重郎	しではら きじゅうろう	4	感情
51	吉田 茂	よしだ しげる	5	知識
52	片山 哲	かたやま てつ	5	知識
53	芦田 均	あしだ ひとし	4	感情
54	吉田 茂	よしだ しげる	5	知識
55	鳩山 一郎	はとやま いちろう	3	感情
56	石橋 湛山	いしばし たんざん	3	感情

57	岸　信介	きし　のぶすけ	7	知識
58	池田　勇人	いけだ　はやと	8	意志
59	佐藤　栄作	さとう　えいさく	3	感情
60	田中　角栄	たなか　かくえい	9	意志
61	三木　武夫	みき　たけお	3	感情
62	福田　赳夫	ふくだ　たけお	8	意志
63	大平　正芳	おおひら　まさよし	2	感情
64	伊藤　正義	いとう　まさよし	3	感情
65	鈴木　善幸	すずき　ぜんこう	5	知識
66	中曽根康弘	なかそね　やすひろ	2	感情
67	竹下　登	たけした　のぼる	2	感情
平　成（1989年6月3日～2015年1月現在）				
68	宇野　宗佑	うの　そうすけ	2	感情
69	海部　俊樹	かいふ　としき	6	知識
70	宮沢　喜一	みやざわ　きいち	7	知識
71	細川　護熙	ほそかわ　もりひろ	3	感情
72	羽田　孜	はだ　つとむ	5	知識
73	村山　富市	むらやま　とみいち	6	知識
74	橋本龍太郎	はしもと　りゅうたろう	8	意志
75	小渕　恵三	おぶち　けいぞう	8	意志
76	森　嘉朗	もり　よしろう	4	感情
77	小泉純一郎	こいずみ　じゅんいちろう	1	意志
78	安倍　晋三	あべ　しんぞう	1	意志
79	福田　康夫	ふくだ　やすお	7	知識
80	麻生　太郎	あそう　たろう	6	知識
81	鳩山由紀夫	はとやま　ゆきお	8	意志
82	菅　直人	かん　なおと	2	感情
83	野田　佳彦	のだ　よしひこ	2	感情
84	安倍　晋三	あべ　しんぞう	1	意志

「都道府県知事」の心の世界

47都道府県知事の一覧です。

47都道府県知事の方々の性格のタイプを認識する機会は滅多にないと考えまして参考までに掲載いたしました。

都道府県知事の心の世界分類表

平成27年1月現在

No.	都道府県	本　名	50　音	性格のタイプ	心の世界
1	北海道	高橋はるみ	たかはし　はるみ	1	意志
2	青森県	三村　申吾	みむら　しんご	2	感情
3	岩手県	達増　拓也	たっそ　たくや	5	知識
4	宮城県	村井　嘉浩	むらい　よしひろ	7	知識
5	秋田県	佐竹　敬久	さたけ　のりひさ	3	感情
6	山形県	吉村美栄子	よしむら　みえこ	6	知識
7	福島県	佐藤　雄平	さとう　ゆうへい	5	知識
8	茨城県	橋本　昌	はしもと　まさる	8	意志
9	栃木県	福田　富一	ふくだ　とみかず	2	感情
10	群馬県	大澤　正明	おおさわ　まさあき	6	知識
11	埼玉県	上田　清司	うえだ　きよし	5	知識
12	千葉県	森田　健作	もりた　けんさく	1	意志
13	東京都	舛添　要一	ますぞえ　よういち	8	意志
14	神奈川県	黒岩　祐治	くろいわ　ゆうじ	6	知識
15	新潟県	泉田　裕彦	いずみだ　ひろひこ	2	感情
16	富山県	石井　隆一	いしい　たかかず	5	知識
17	石川県	谷本　正憲	たにもと　まさのり	2	感情
18	福井県	西川　一誠	にしかわ　いっせい	3	感情
19	山梨県	横内　正明	よこうち　しょうめい	4	感情
20	長野県	安倍　守一	あべ　しゅいち	8	意志
21	岐阜県	古田　肇	ふるた　はじめ	2	感情
22	静岡県	川勝　平太	かわかつ　へいた	9	意志
23	愛知県	大村　秀章	おおむら　ひであき	6	知識
24	三重県	鈴木　英敬	すずき　えいけい	4	感情
25	滋賀県	三日月大造	みかづき　たいぞう	8	意志
26	京都府	山田　啓二	やまだ　けいじ	2	感情

27	大阪府	松井　一郎	まつい　いちろう	8	意志
28	兵庫県	井戸　敏三	いど　としぞう	4	感情
29	奈良県	荒井　正吾	あらい　しょうご	3	感情
30	和歌山県	仁坂　吉伸	にさか　よしのぶ	3	感情
31	鳥取県	平井　伸治	ひらい　しんじ	7	知識
32	島根県	溝口善兵衛	みぞぐち　ぜんべえ	2	感情
33	岡山県	伊原木隆太	いばらぎ　りゅうた	7	知識
34	広島県	湯崎　英彦	ゆざき　ひでひこ	9	意志
35	山口県	村岡　嗣政	むらおか　つぐまさ	7	知識
36	徳島県	飯泉　嘉門	いいずみ　かもん	6	知識
37	香川県	浜田　恵造	はまだ　けいぞう	1	意志
38	愛媛県	中村　時広	なかむら　ときひろ	3	感情
39	高知県	尾﨑　正直	おざき　まさなお	6	知識
40	福岡県	小川　洋	おがわ　ひろし	1	意志
41	佐賀県	山口　祥義	やまぐち　よしのり	7	知識
42	長崎県	中村　法道	なかむら　ほうどう	8	意志
43	熊本県	蒲島　郁夫	かばしま　いくお	2	感情
44	大分県	広瀬　勝貞	ひろせ　かつさだ	1	意志
45	宮崎県	河野　俊嗣	こうの　しゅんじ	5	知識
46	鹿児島県	伊藤祐一郎	いとう　ゆういちろう	4	感情
47	沖縄県	翁長　雄志	おなが　たけし	8	意志

「主な国の大統領」の心の世界

世界の国々を代表する方々の心の世界をちょっと覗《のぞ》いてみました。
どの国の方の性格のタイプがいいとか悪いとかの判断材料ではありません。
その国を動かしている大統領の方々も名前に起因した性格で
政治と関わり世の中を動かされています。
勿論、その性格のタイプはそれぞれの無意識の心の働きが大きく関わっています。

各国のプレジデントの心の世界

平成26年11月現在

No.	国　名	プレジデント	50　音	性格のタイプ	心の世界
1	アイスランド	Ólafur Ragnar Grímsson	オラフル・ラグナル・グリムソン	9	意志
2	アイルランド	Mícheál D. Ó hUigin	マイケル・ダニエル・ヒギンズ	1	意志
3	アメリカ合衆国	Barack Hussein Obama II	バラク・フセイン・オバマ	3	感情
4	アラブ首長国連邦	خليفة بن زايد بن سلطان آل نهيان	ハリーファ・ビン・ザーイド・ビン・スルターン・アール・ナヒヤーン	2	感情
5	アンドラ	Joan Enric Vives i Sicília	ジュアン・エンリク・ビベス・イ・シシリア	4	感情
6	イギリス	David William Donald Cameron	デーヴィッド・ウィリアム・ドナルド・キャメロン	9	意志
7	イスラエル	Reuven Rivlin	ルーベン・リブリン	6	知識
8	イタリア	Giorgio Napolitano	ジョルジョ・ナポリターノ	9	意志
9	インド	प्रणव कुमार मुखर्जी	プラナブ・クマール・ムカルジー	7	知識
10	エジプト	عبد الفتاح سعيد حسين خليل السيسي	アブドルファッターフ・サイード・フセイン・ハリール・アッ＝シーシー	5	知識
11	エストニア	Toomas Hendrik Ilves	トーマス・ヘンドリク・イルヴェス	8	意志
12	オーストラリア	Anthony John "Tony" Abbott	アンソニー・ジョン・"トニー"・アボット	1	意志
13	オーストリア	Heinz Fischer	ハインツ・フィッシャー	9	意志
14	オランダ	Mark Rutte	マルク・ルッテ	2	感情
15	カタール	الشيخ تميم بن حمد آل ثاني	タミーム・ビン・ハマド・アール＝サーニー	8	意志
16	カナダ	Stephen Joseph Harper	スティーヴン・ジョセフ・ハーパー	3	感情
17	韓国	박근혜	パク・クネ	7	知識
18	キプロス	Νίκος Αναστασιάδης	ニコス・アナスタシアディス	4	感情
19	ギリシャ	Κάρολος Παπούλιας	カロロス・パプーリアス	3	感情
20	クロアチア	Ivo Josipović	イヴォ・ヨシポヴィッチ	7	知識
21	サウジアラビア	عبد الله بن عبد العزيز آل سعود	アブドゥッラー・ビン・アブドゥルアズィーズ・アール＝サウード	4	感情
22	サンマリノ		アンナ・マリア・ムッチョーリ	8	意志
			ジャン・カルロ・カピッチョーニ	4	感情

23	シンガポール	Tony Tan Keng Yam	トニー・タン・ケン・ヤム	1	意志
24	スイス	Didier Burkhalter	ディディエ・ビュルカルテ	3	感情
25	スウェーデン	Kjell Stefan Löfven	シェル・ステファン・ローベン	2	感情
26	スペイン	Mariano Rajoy Brey	マリアーノ・ラホイ・ブレイ	1	意志
27	スロバキア	Robert Fico	ロベルト・フィツォ	7	知識
28	スロベニア	Borut Pahor	ボルト・パホル	7	知識
29	タイ	ประยุทธ์ จันทร์โอชา	プラユット・チャンオチャ	7	知識
30	チェコ	Miloš Zeman	ミロシュ・ゼマン	5	知識
31	台湾	馬 英九	ば えいきゅう	6	知識
32	中国	習 近平	しゅう きんぺい	1	意志
33	チリ	Verónica Michelle Bachelet Jeria	ベロニカ・ミシェル・バチェレ・ヘリア	2	感情
34	デンマーク	Helle Thorning-Schmidt	ヘレ・トーニング＝シュミット	8	意志
35	ドイツ	Joachim Gauck	ヨアヒム・ガウク	2	感情
36	トルコ	Recep Tayyip Erdoğan	レジェップ・タイイップ・エルドアン	5	知識
37	ナイジェリア	Goodluck Ebele Jonathan	グッドラック・エベレ・ジョナサン	5	知識
38	日本	安倍 晋三	あべ　しんぞう	1	意志
39	ニュージーランド	Sir Jeremiah Mateparae	ジェリー・マテパラエ	8	意志
40	ネパール	रामवरण यादव	ラムバラン・ヤーダブ	4	感情
41	ノルウェー	Erna Solberg	エルナ・ソルベルグ	6	知識
42	バーレーン	Hamad bin Isa Al Khalifa	ハマド・ビン・イーサ・アール・ハリーファ	8	意志
43	バチカン	Franciscus	フランシスコ	9	意志
44	バルバドス	Elizabeth Alexandra Mary	エリザベス・アレクサンドラ・メアリー	7	知識
45	ハンガリー	Áder János	アーデル・ヤーノシュ	3	感情
46	フィリピン	Benigno Simeon Cojuangco Aquino III	ベニグノ・シメオン・コファンコ・アキノ３世	9	意志

47	フィンランド	Sauli Väinämö Niinistö	サウリ・ヴァイナモ・ニーニスト	6	知識
48	ブラジル	Dilma Vana Rousseff	ジルマ・ヴァナ・ルセフ	6	知識
49	フランス	François Gérard Georges Nicolas Hollande	フランソワ・ジェラール・ジョルジュ・ニコラ・オランド	5	知識
50	ブルネイ	Haji Hassanal Bolkiah Mu'izzaddin Waddaulah	ハジ・ハサナル・ボルキア・ムイザディン・ワッダラー	1	意志
51	ベルギー	Philippe Léopold Louis Marie	フィリップ・レオポルド・ルイ・マリー	5	知識
52	ポーランド	Bronisław Komorowski	ブロニスワフ・コモロフスキ	4	感情
53	ポルトガル	Aníbal António Cavaco Silva	アニーバル・アントーニオ・カヴァコ・シルヴァ	5	知識
54	マルタ		マリールイーズ・コレイロ・プレカ	8	意志
55	モナコ	Albert II de Monaco Albert Alexandre Louis Pierre Grimaldi	アルベール・アレクサンドル・ルイ・ピエール・グリマルディ	9	意志
56	リヒテンシュタイン	Adrian Hasler	アドリアン・ハスラー	7	知識
57	ルクセンブルク	Xavier Bettel	グザヴィエ・ベッテル	3	感情
58	ロシア	Владимир Владимирович Путин	ウラジーミル・ウラジーミロヴィチ・プーチン	3	感情

「芸能関係」の心の世界

芸能関係に携わっている方々の本名を無断で確認させていただき、本名から性格のタイプを勝手に分析させていただきました。了解を得ず掲載いたしました事深くお詫び致します。

特に、芸能関係のお仕事をされている方々の私生活はシークレット的な事からご夫婦関係は明らかにされません。当然と言えば当然なのですが、いつの日か離婚という形で報道される場面を拝見した時「何故、今なの」とか「やっぱり」とか「結婚前から分かっていた」等など、結果から評価した場合のお二人の関わり方を分析する事もあります。

この一覧表の中にもご結婚された方々もいらっしゃいます。これから結婚する方々も多分いらっしゃることでしょう。そこで一つアドバイスです。結婚して主に性格が変わるのは女性の方です。女性の性格が変わると独身時の性格の個性は全く現れませんので、男性の方々は「こんなはずではなかった」となり、また女性の方も、気合が入り過ぎて「こんなはずではなかった」と思うでしょう。男性の評価が変わったという事です。

一覧表の見方は、芸名と本名を示しています。性格のタイプは全て本名に関連して属している心の世界と具わっている性格のタイプを表しています。

著名人の心の世界一覧表（男性）

平成27年2月現在

芸能人・有名人	本名（50音）	性格のタイプ	心の世界
相葉雅紀	あいば まさき	8	意志
明石家さんま	すぎもと たかふみ	5	知識
阿部寛	あべ ひろし	3	感情
阿部サダヲ	あべ たかし	7	知識
綾小路きみまろ	かりや よしひろ	5	知識
綾小路翔	ばば なお	1	意志
有吉弘行	ありよし ひろいき	4	感情
イチロー	すずき いちろう	1	意志
石塚英彦	いしづか ひでひこ	4	感情
IZAM（SHAZNA）	ひね よしかず	5	知識
石坂浩二	むとう へいきち	2	感情
いしだ壱成	ほしかわ いっせい	9	意志
石田純一	いしだ たろう	2	感情
伊集院光	しのおか けん	9	意志
五木ひろし	まつやま かずお	5	知識
ISSA（DA PUMP）	へんとな いっさ	1	意志
内村光良	うちむら てるよし	9	意志
江頭2：50	えがしら ひではる	7	知識
大泉洋	おおいずみ よう	6	知識
大野智	おおの さとし	8	意志
オダギリジョー	おだぎり じょう	7	知識
おすぎ	すぎうら たかあき	3	感情
Gackt	おかべ さとる	7	知識
ガダルカナル・タカ	いぐち たかひと	6	知識
桂三枝	かわむら しずや	8	意志
加藤茶	かとう ひでゆき	7	知識
ガッツ石松	すずき ゆうじ	7	知識
要潤	なかの じゅん	7	知識
KABA.ちゃん	かばしま えいじ	6	知識
唐沢寿明	からさわ きよし	9	意志
北島三郎	おおの みのる	1	意志

木村　拓哉	きむら　たくや	8	意志
清　春	もり　きよはる	3	感情
桑田　圭佑	くわた　けいすけ	5	知識
劇団ひとり	かわしま　しょうご	3	感情
ken (L'Arc～en～Ciel)	きたむら　けん	9	意志
郷　ひろみ	はらたけ　ひろみ	3	感情
小堺　一機	こさかい　かずき	2	感情
コロッケ	たきがわ　ひろし	4	感情
堺　雅人	さかい　まさと	5	知識
西城　秀樹	きもと　たつお	9	意志
佐々木蔵之介	ささき　ひであき	6	知識
櫻井　翔	さくらい　しょう	4	感情
真田　広之	しもさわ　ひろゆき	7	知識
さまーず（大竹）	おおたけ　かずき	2	感情
さまーず（三村）	みむら　まさかず	8	意志
椎名　桔平	いわき　まさよし	4	感情
島田　紳助	はせがわ　きみひこ	7	知識
志村　けん	しむら　やすのり	4	感情
笑福亭鶴瓶	するが　まなぶ	6	知識
JIRO（GLAY）	わやま　よしひと	1	意志
陣内　智則	じんない　とものり	6	知識
スガ　シカオ	すが　しかお	7	知識
ZEEBRA	よこい　ひでゆき	1	意志
反町　隆史	のぐち　たかし	2	感情
タカ（タカアンドトシ）	すずき　たかひろ	4	感情
トシ（タカアンドトシ）	みうら　としかず	4	感情
DAIGO	ないとう　だいご	3	感情
高木　ブー	たかぎ　とものすけ	3	感情
TAKURO (GLAY)	くぼ　たくろう	8	意志
タモリ	もりた　かずよし	3	感情
つのだ☆ひろ	つのだ　ひろたみ	3	感情
つぶやきシロー	ながつか　つとむ	7	知識
つんく♂	てらだ　みつお	1	意志
デーモン小暮	こぐれ　たかし	1	意志

TERU（GLAY）	こばし　てるひこ	6	知識
所ジョージ	はが　たかゆき	6	知識
TOSHI（X JAPAN）	でやま　としみつ	5	知識
中居　正広	なかい　まさひろ	9	意志
中村　獅童	おがわ　みきひろ	5	知識
二宮　和也	にのみや　かずなり	6	知識
ねづっち（Wコロン）	ねづ　としひろ	6	知識
野口　五郎	さとう　やすし	9	意志
hyde（L'Arc～en～Ciel）	たからい　ひでと	3	感情
間　寛平	はざま　しげみ	2	感情
浜田　雅功	はまだ　まさとし	5	知識
速水もこみち	おもて　もこみち	6	知識
ピーコ	すぎうら　かつあき	5	知識
ビートたけし	きたの　たけし	3	感情
氷川きよし	やまだ　きよし	9	意志
久石　譲	ふじさわ　まもる	9	意志
氷室　京介	てらにし　おさむ	5	知識
ヒロシ	さいとう　けんいち	9	意志
ふかわりょう	ふかわ　りょう	9	意志
福山　雅治	ふくやま　まさはる	6	知識
マーク・パンサー（globe）	さかい　りゅういち	2	感情
魔裟斗	こばやし　まさと	6	知識
マツコデラックス	まつい　たかひろ	2	感情
松平　健	すずき　すえしち	3	感情
松本　人志	まつもと　ひとし	4	感情
松本　潤	まつもと　じゅん	1	意志
三浦　春馬	みうら　はるま	4	感情
水嶋　ヒロ	さいとう　ともひろ	5	知識
茂木健一郎	もぎ　けんいちろう	1	意志
山咲トオル	なかざわ　そうはちろう	1	意志
yukihiro（L'Arc～en～Ciel）	あわじ　ゆきひろ	6	知識
YOSHIKI（X JAPAN）	はやし　よしき	4	感情
レイザーラモンHG	すにたに　まさき	5	知識

著名人の心の世界一覧表（女性）

平成27年2月現在

芸能人・有名人	本　名（50音　）	性格のタイプ	心の世界
AI	うえむら あい カリーナ	6	知識
愛内里菜	かきうち りかこ	6	知識
aiko	やない あいこ	9	意志
相田翔子	すずき けいこ	7	知識
浅野ゆう子	あかざわ ゆうこ	5	知識
浅田真央	あさだ まお	1	意志
天海祐希	なかの ゆり	7	知識
あびる優	あびる ゆう	1	意志
綾瀬はるか	たでまる あや	5	知識
新垣結衣	あらがき ゆい	1	意志
杏	ひがしで あん	2	感情
杏里	かわしま えいこ	3	感情
石原さとみ	いしがみ くにこ	1	意志
泉ピン子	たけもと さよ	6	知識
伊東美咲	えのもと ともこ	9	意志
上戸彩	いがらし あや	8	意志
大久保佳代子	おおくぼ かよこ	7	知識
岡本夏生	かねむら さちこ	1	意志
乙葉	ふじい かずよ	4	意志
片桐はいり	かたぎり ゆみ	5	知識
加藤ミリヤ	かとう みほ	8	意志
かとうれいこ	かとう ふさえ	8	意志
かたせ梨乃	すぎた のりこ	3	感情
叶恭子	こやま きょうこ	9	意志
叶美香	たまい みか	8	意志
華原朋美	しもがわら ともみ	2	感情
夏帆	いんとう かほ	8	意志
菅野美穂	さかい みほ	9	意志
北川景子	きたがわ けいこ	3	感情
きゃりーぱみゅぱみゅ	たけむら とうこ	9	意志
木下優樹菜	ふじわら ゆきな	3	感情

黒木 瞳	いちじ しょうこ	2	感情
黒木メイサ	あかにし めいさ	5	知識
K-C-O (globe)	こむろ けいこ	3	感情
研 ナオコ	のぐち なをこ	9	意志
倖田來美	こうだ くみ	1	意志
小泉今日子	こいずみ きょうこ	1	意志
小柳 ゆき	こやなぎ ゆき	2	感情
小雪	まつやま こゆき	9	意志
サエコ	どうきゅう さえこ	6	知識
坂下千里子	さかした きょうこ	3	感情
さくらももこ	みうら みき	5	知識
酒井若菜	さかい みゆき	5	知識
指原梨乃	さしはら りの	9	意志
沢尻エリカ	さわじり えりか	6	知識
椎名林檎	しいな ゆみこ	6	知識
柴咲コウ	やまむら ゆきえ	2	感情
純名理沙	なかにし じゅんこ	6	知識
白石美帆	あくつ みほ	9	意志
越智志帆(Superfly)	おち しほ	1	意志
杉田かおる	はしもと かおる	9	意志
スザンヌ	さいとう さえ	1	意志
涼風真世	もりなが かなめ	8	意志
鈴木杏樹	やまがた かくこ	3	感情
鈴木紗理奈	むねひろ かなこ	2	感情
篠原涼子	いちむら りょうこ	9	意志
大地真央	もりた まゆみ	2	感情
高樹沙耶	ますご いくえ	3	感情
檀れい	おいかわ まゆみ	2	感情
千秋	ふじもと ちあき	7	知識
CHARA	さとう みわ	7	知識
デヴィ夫人	デヴィ・スカルノ	5	知識
仲間由紀恵	たなか ゆきえ	9	意志
中川翔子	なかがわ しょうこ	8	意志
中山エミリ	いいぬま えみり	3	感情

菜々緒	あらい ななお	5	知識
西野カナ	にしの かなこ	1	意志
長谷川京子	しんどう きょうこ	6	知識
葉月里緒菜	やまだ まい	4	感情
森泉	もり いずみ	6	知識
早見優	ふくだ かずみ	1	意志
引田天功	いたくら まりこ	2	感情
hitomi	ふるや ひろみ	4	感情
雛形あきこ	よこざわ あきこ	7	知識
藤谷美紀	かなや あきこ	5	知識
風吹ジュン	かわそえ れいこ	3	感情
藤原紀香	ふじわら のりか	2	感情
ベッキー	レイボーン・えり・レベッカ	5	知識
辺見えみり	まつだ えみり	4	感情
深田恭子	ふかだ きょうこ	1	意志
深津絵里	ふかつ えり	2	感情
堀北真希	はら まりな	4	感情
夏目三久	なつめ みく	2	感情
真木よう子	カナモリ ヨンジャ	1	意志
真琴つばさ	やすかわ まなみ	6	知識
松たかこ	さはし たかこ	5	知識
松嶋菜々子	のぐち ななこ	8	意志
松田聖子	かまち のりこ	1	意志
真矢みき	にしじま みき	2	感情
水川あさみ	みずかわ けいこ	5	知識
misono	こうだ みその	9	意志
MEGUMI	ふるや めぐみ	4	感情
山田花子	ふくしま きょうこ	7	知識
YOU	えはら ゆきこ	1	意志
優香	おかべ ひろこ	1	意志
吉高由里子	はやせ ゆりこ	1	意志
吉永小百合	おかだ さゆり	7	知識
ローラ	さとう えり	1	意志
和田アキ子	いいづか あきこ	6	知識

あとがき

人は必ず一つの性格を保有しています。しかし人々はその性格の存在を認識していません。またその性格そのものがどのようなものかも認識がなく、人それぞれが何を基準に何を主体に自己の存在を世の中に人々に環境に仕事に投影しているのか、その実態は誰も解釈できないし、その真実は何を意味して自分自身の生き方や考え方を正当化させているのか、それも理解する事が出来ないのが人間社会のありのままの実態と考えます。その人間世界の現状をそのまま理解すると確かにそうであるのが現実なのです。

人間社会の複雑な人間環境は様々な心のトラブルに巻き込まれたり巻き込んだり、人と人とが関わる環境ではごく当たり前のように感情や持論が飛び交っています。

姓名九性学の理論によると、人はそれぞれ必然的か偶然的かは別にして、必ず名前の絶対条件に起因して一つの性格が具わっている事は間違いありません。ただこれまではその性格を認識できなかっただけで、自分自身に具わっている性格が認識できると、自分自身の存在的価値観が理解でき、他の人と関わる時の自分が理解できると同時に自分の心の働きによって自分自身をコントロールしている事をはっきり認識する事ができます。

これによって人間関係の謎が解けると同時にこれまでの自分の生き方や考え方を再認識する事ができます。つまり性格を認識するという事は本当の自分に気づくという事です。本当の自分に気づくと人間関係ってそんなに難しくない事が分かり、自分自身に無理が生じなくなりストレスや心のトラブルが起こらなくなります。

常に問題発生の要因が自分自身の心の欲求から発生することが理解できると、他の人との尊重関係を築く事ができ人間関係が上手くいきます。自分自身のまた他の人の性格を知るという事は決して欠点を指摘したりすることではありません。性格とは、その人の持ち味であり個性はその人特有の存在的価値観なのです。

人はそれぞれの個性の中で関わり合っている訳ですから当然心のすれ違いや思い込みや勘違いなど、また自己主張や自己欲求、自己願望はすべてそれぞれの性格の特性から発生しています。しかも無意識の心の働きは、自分自身をコントロールし無意識の意思に忠実に一つの方向性へと導いていています。その世の中の実態と現実にだれも気づく事が出来ないので、人は人に翻弄され人が人に影響を及ぼしているという現実がそこにあります。

さらに、その性格の在り方や自分自身の存在的価値観は年齢や経験など、またその立場や地位はまったく関係せず、さらに男性だから女性だから大人だから子供だからといった区別はなく、名前に起因した性格はその人々の個性として確立している事から、性格から現れる特徴はそれらに関係なく皆同じ条件であるという事です。経験が豊かだから、偉いから、その地位に立っているから等で性格が優れているということではないのです。赤ちゃんが二〜三歳になったらその性質が表れ七歳以上になると具わっている性格の個性や自己主張がはっきり認識できます。従って、その年齢域になると大人の地位や立場に関係なく性格は名前で具わっている個性であり、その個性で人と関わっていることは皆同じであるということです。

【ポイント1】

それぞれの世界に属する性格のタイプにはそれぞれの個性があることを認識していただいたと思います。同じ性格のタイプ以外は同じ意識を持って物事と人々と関わっているわけではありません。たとえ親子の関係でも決して共有する事はありませんので異なるのは当然のことです。だからといってそれぞれの性格は批評の対象ではありません。それぞれの名前に起因して運命的に具わった性格の特性は、それぞれの心の働きの特徴です。従ってどの性格が優れているとか優れていないとか、この性格がよかった等の優劣を判断する事は出来ません。性格の異なる人間社会環境であるからこそのメリットもあればデメリットもあります。

その性格の異なる環境の中で最も重要視しなければならない事は、それぞれの性格のタイプの個性の尊重関係を築く事です。誰が正しい、正しくないという事はないのです。それぞれの持ち合わせている性格の自己主張は自分自身に具わったタイプにとって正しい自己評価であるという事です。その自己評価は他の性格のタイプには当てはまらないという事になります。その異なる意見や意思をそれぞれの性格のタイプの立場の評価として尊重する事が重要なのです。

【ポイント２】

私たちの性格は、名前の絶対条件が確立して初めて形成される事は既にご説明いたしましたが、姓名九性学の理論の根底にあるのは五十音です。その五十音の文字一つ一つはある特定のエネルギーを具えている事が判明しました。そこで五十音すべての総エネルギー数値を百五十一に設定する事ができました。次に、五十音の文字数は五十一文字の定数であることです。従って、生命誕生に伴い付けられた名前と姓の文字の組み合わせから始まり、結婚または離婚の際の姓名の文字数の絶対条件の確定により性格のタイプは導かれます。

つまり、五十音のエネルギー総数値百五十一から用いた姓名の文字一つ一つの特定のエネルギーの総数値は幾つになるか、この数値が性格のタイプを導く大きなカギになります。さらに五十音の文字数から用いた名前の文字の総数との関係が人間の名前に起因した絶対条件に伴って性格が確定する要素として、間違いなく名前の文字に反映して性格は具わる現象を証明しています。

文字の形はそれぞれの国で異なり世界共通ではありませんが、名前の文字の発声音は唯一世界に共通して文字以外で日本語の五十音にだけ当てはまっていることが確認できます。

日本語だけに存在する五十音の特殊性は「言葉の起源」という観点で捉えると、性格形成の要素を秘めた重要な意味を持っています。

従って、世界のどこの国の言葉でも名前の文字の発声音でも適応出来るのは日本語の五十音に限られる事から、名前の絶対条件で性格のタイプが具わる要素を証明する事ができます。

これによって、世界の人々に共通して性格が形成される姓名九性学の「絶対条件と現象論」を定義づけ、世界で初めてこの理論が確立致しました。

参考資料は、人間の性格形成の要素の調査の一環として検索させていただきました。様々な分野の方々の努力と研究の成果の記述として敬意を表します。

【参考資料】

『血液型と母音と性格』浅尾哲朗著　論創社刊
『現代に息づく陰陽五行』稲田善行著　日本実業出版社刊
『新姓名判断辞典』菅原緑夏著　法研刊
『占いの宇宙誌』藤巻一保著　原書房刊
『幸運を招く海運姓名判断――名前で決まる運勢と性格』山田孝男著　成美堂出版刊
『カバラで知る運命の秘密』山田孝男著　福昌堂刊
『エニアグラム　あなたを知る9つのタイプ（基礎編）』ドン・リチャードソン&ラス・ハドソン　角川書店刊
『数秘術』ロッドフォード・バラット著　藤井留美訳　河出書房新社刊
『数秘術数の神秘と魅惑』ジョン・キング著　青土社刊
『中国神秘数字』葉　舒憲、田　大憲著　鈴木博訳　青土社刊
『占いの原点（易経）』梶川敦子著　青弓社刊
『世界占術大全』アルバート・S・ライオンズ、鏡リュウジ著　原書房刊
『姓名の人間学』小峰一翁著　同友館刊
『9つの性格と45の相性』中嶋真澄著　幻冬舎刊
『人は無意識の世界で何をしているのか』千葉康則著　PHP研究所刊
『自己評価の心理学――なぜあの人は自分に自信があるのか』ルロール・フランソワ著　高野優訳　紀伊國屋書房刊
『性格形成と変化の心理学』鈴木乙史著　ブレーン出版刊

著者略歴

野口　博（のぐち　ひろし）

1948年９月22日　長崎県生まれ
長崎県立佐世保工業高等学校電気科卒
性格心理研究家
姓名九性学 創始者
各企業及び施設関連で働く方々の人間関係の改善及びコミュニケーション向上を目的に「無意識の自分を知る」講習会を実施。

［性格心理研究経歴］
1999年３月　人間の性格形成の著書に出会う
1999年５月　性格の特性について独学
2001年３月　性格の独自の理論考案
2001年４月　性格分析調査開始
2003年12月　性格の適合性と性質分析
2004年４月　９つの性格のタイプと独自の理論の適合性調査開始
2005年１月　姓名九性学の理論確立
2005年２月　性格分析活動
2015年現在　株式会社　九性学術協会顧問

九性学術協会HP　http://seimeikyuusei.jimdo.com/

人間はこうして性格が具わっていた！

二〇一五年二月十二日　印刷
二〇一五年二月二十三日　発行

編著　野口　博©
発行者　川口敦己
発行所　鉱脈社
〒八八〇―八五五一
宮崎市田代町二六三番地
電話　〇九八五―二五―一七五八
郵便振替　〇二〇七〇―七―二三

印刷
製本　有限会社　鉱脈社